从"倒腾"开始的
幼儿 STEM 教育

Making and Tinkering With STEM: Solving Design Challenges With Young Children

（美）凯特·海洛曼◎著　　田　方　李欢欢◎译　　黄　瑾◎校译　　华东师范大学出版社·上海

目 录

关于动手操作、制作和工程活动，你需要知道什么

回忆一下当你制作东西，动手操作或发明一些物品去解决某个问题时，你都做了些什么？你是否：

- 想出一个更容易的方法把东西搬进树屋？
- 把盒子粘贴在一起做成一辆很酷的汽车？
- 搭建一个精致的堡垒？
- 用木棍、树叶或松针来勾勒梦想房屋的平面图？
- 让玩具车在坡道上滚动，调整坡道让汽车跑得更快？
- 反复折叠纸飞机，让它们飞得更远？
- 拆掉一个旧玩具，试着把它重新组装起来？

你花了多少时间思考和从事这些活动？这些材料是从哪里来的？你是否很多天以后又重新审视自己之前的想法，并试图改进它们，使它们变得更好？当你解决了问题时感觉如何？

这就是儿童动手操作、制作和进行工程活动的情景。儿童最初使用他们的感官去探索材料的物理属性。他们把物品拆开又组合，尝试弄清楚这些物品是如何工作的，并且试图

使用工具去建构和创造，在这个过程中，他们不断进行探索操作。当儿童遇到新问题时，他们会提问，制定计划，共同合作，尝试自己的想法，解决问题，不断优化和完善想法，与他人分享自己的观点和作品。这与科学家和工程师的思维和行动过程如出一辙。而这些专业人士在面对和解决现实世界的挑战和问题时，通常也会面临诸如资源、时间、经费有限的限制。

设计挑战：
故事人物的问题与现实世界相遇

在这本书中，你会发现操作、制作和工程活动的挑战对于3—8岁的儿童来说都很适合，会为他们今后在STEM领域（科学、技术、工程、数学）的进一步学习打下一个坚实的基础。这些经验从一个熟悉的起点开始——图画书中人物面临的问题。这些问题可能是三只比利山羊很想去河对岸吃草，但中间却站着一只巨魔；也可能是一个害怕去动物园的孩子；或是每当有动物上船的时候，船都会下沉一些。在一起阅读这本书之后，你可能会利用这些类似的挑战来拓展儿童的思维和提高他们解决问题的能力。你可能会通过邀请他们：

- 为三只比利山羊建造一座新桥，以避开讨厌的巨魔。

- 设计一种动物面具或服装，帮助害怕动物的孩子克服恐惧。

- 建造一艘能漂起来的船，并且能存放硬币或其他物品。

设计类挑战将早期读写与所有发展领域（社会和情感、健康和认知）以及内容领域的学习（数学、科学、社会、艺术和技术）有机地整合起来。每次的设计挑战都以邀请孩子们来操作和探索材料及工具（"材料操作"）作为开始。通过这些操作和探索，孩子们会发现材料和工具的工作原理，如何把东西拆开，以及如何把东

西组合在一起。这个过程同样有助于孩子们精细动作的发展。操作需要时间。此过程可能包含着重复——当某些方法行不通时，就要鼓励孩子们去尝试另一种策略或使用不同的材料或工具。

接下来，这些挑战将为孩子们提供一个提示（"制作"），引导他们制作能帮助故事中的人物解决问题的东西。例如，儿童使用所提供的材料，发挥创造力和想象力，制作一个松鼠喂食器，或搭建一座高大、漂亮的建筑，就像他们所在社区里的建筑一样。

为了增加复杂性，每一个设计挑战经验都包含了一个工程挑战（以"Engineering"表述）。这些工程任务在实施的过程中儿童像工程师一样思考。例如，关于故事《金发姑娘和三只熊》，便可以引导孩子设计一个工程挑战，要求他们去制作一把椅子，保证椅子不晃动，并且可以承受2.2千克的重量。

一般来说，设计类挑战最适合学龄前到三年级的儿童，

同时它具有灵活性，适用于多样化的学习者。这类挑战具有"门槛低、天花板高、墙面宽"的特点（Resnick，2005）。"低门槛"意味着可以从一个简单的方法开始。年幼的孩子可能会花大量的时间去探索材料和工具的属性，然后才能真正制作出一些东西。"高天花板"表明可以用很多方法去拓展这些挑战。细微的调整就会使这类挑战更具挑战性或更加复杂。"宽墙面"是指儿童能够采取许多不同的途径来探索设计挑战，同时整合其他学习领域的课程。与其把孩子限制在你选择的一些材料上，不如给他们提供各种各样的选择去解决问题。在每一个挑战过程中，都包括一个"深度学习"（Going Deeper）的环节，该环节将提供建议，使挑战更复杂，或鼓励孩子以不同方式解决问题。根据你对儿童已有知识、技能和能力的理解，调整每个挑战以满足群体和个体的需要。

鉴于对STEM的关注和强调，这些挑战使儿童能够以有意义、有吸引力的方式去应用数学、科学等领域的技能。它们为儿童使用和强化与执行力相关的能力提供了机会，例如做计划、集中注意力、组织信息、坚持、灵活性思维和解决问题的能力。总而言之，这些技能在学校和生活中都很重要。实施这些挑战有助于儿童为未来解决问题做好准备。

这是动手操作、制作或工程吗

设计性挑战与教育者日益增长的对早期 STEM 教育的兴趣密切相关。什么是动手操作、制作和设计工程呢？有何相似与不同呢？波士顿儿童博物馆（2016 年）为此作出了很好的解释，如第 4 页所示。

这本书囊括儿童创客教育（Maker Education）所需的三个方面——动手操作、制作和工程，这三者都是早期 STEM 教育的宝贵经验。儿童在制作和动手操作过程中习得的技能和品质，都将成为工程设计过程中的重要部分。

发展设计挑战的能力

在教室的日常生活和活动中，你可以帮助儿童发展各种能力以为他们日后解决设计性挑战打下基础。这些能力包括：

- 提出问题
- 形成计划
- 制作观察图纸
- 测量和记录调查结果
- 评价结果

- 创建图表
- 使用工艺和建构性材料（如电线、胶带、黏土、剪刀、纸板）
- 使用真正的工具（如螺丝刀、低温胶枪、定时器）

寻找机会，让这些能力融入在儿童的日常活动中，尤其是操作和制作的活动中。日复一日，儿童练习的时间越多，他们在设计挑战活动中应用这些能力时将更加得心应手和自信。在解决问题时，他们也将熟悉所需的工具、材料和过程。

动手操作和制作的经验

动手操作是创客运动（Maker Movement）的一个重要元素，已席卷了美国的学校、图书馆、创客空间和博物馆。创客运动是人们渴望用双手去创造的产物。这个概念对儿童来说当然不是什么新鲜事。

什么是创客空间？它是一个供人们聚集在一起，用各种各样的工具和材料去操作、制作、发明、创造、探索和发现的地方。

儿童参与这种开放式的动手操作和制作经验的实践能力，会受用终生。动手操作和制作经验的最终结果并没有过程重要。随着孩子们的成长和成熟，他们使用工具、与他人协作、实验、观察、发现、利用已有的知识、交流和坚持不懈的能力将不断发展和强大。

儿童喜欢拆解物体——此过程被称为解构（Deconstruction）。当儿童把东西拆开，他们会看到各部分是如何一起工作的，并且会了解如何将这些零部件组合在一起创造新的东西（见左侧的插图）。废旧的小家电（拿掉里面的电线）、电脑和键盘，以及坏掉的机械玩具，都是理想的可用于拆解的物品。

为孩子提供尺寸合适的、真实的工具，如螺丝刀和钳子。鼓励儿童拆开物品并研究，将零部件进行分类并保存好，以便之后改造和再利用。例如，孩子们可以用低温胶枪把电脑键盘按键和其他松动的部分粘贴在一块纸板上，制作一张自画像或图片。

一位一年级的老师在旧

货市场发现了一只电动长毛绒狗，她决定把它投放到拆解活动中。在小组活动中，孩子们近距离地观察这只玩具狗，并且描述他们观察到的一切，老师将他们的话记录下来。他们发现，不需要前后推狗的头来打开开关，就可以让狗叫。接下来，他们通过感官感觉玩具来猜测在里面可能会找到什么零件，然后画出他们的预测。一个孩子感觉尾巴里有弹簧，另一个孩子认为腿里有一节电池。孩子们用剪刀减掉玩具狗的毛。当孩子们证实了他们的预测后，发出兴奋的尖叫："看吧，我是对的！尾巴里有一个弹簧！"他们把毛皮去掉后，打开开关看到玩具狗又动了。

在头的底部，他们发现了一个小的被薄纸覆盖的楔形部件，由一个小圆锥体连接着。里面似乎有一个弹簧，看起来是能使狗发声的部件。孩子们剪掉了盖住楔形部件的薄纸，发现当再推玩具狗的头时，它就不再叫了。孩子们花了很多时间研究这个小部件，并且最终认为空气从圆锥体中被推出来，是引发狗叫的原因。为了验证猜测，他们用一些薄纸和胶带盖住了那个部件，然后狗又汪汪地叫起来了！

他们继续使用小螺丝刀拆掉塑料，发现了一个小马达和齿轮。

这些零部件被分类整理，以备将来使用。后来老师把这些零件安装在一块木头上，并教孩子们如何用鳄鱼夹把它们连接到电池组上。安装的机械部件和电池组被投放在科学区域，以便孩子们反复地观察机械运动。

在这本书中的设计挑战包括：制作或建造物品的提示——一种范式——作为儿童表征他们想法以及针对故事中的问题进行思考的方式。例如，听完《建筑师伊吉·佩克》（*Iggy Peck，Arditect*）的故事后，就可以鼓励儿童使用现有的材料和工具建造一幢高楼。

工程经验

这本书中的每一个案例都包含了一个工程设计的挑战。所有的挑战都是开放式的，需要儿童协作来生成想法和解决问题。每个工程挑战会提供一些限制或标准的条件，以确定解决方案是否成功。例如，他们可能会被要求设计一个足够结实的宠物运送筐，必须能携带 3 千克重的宠物和其他宠物护理物品。一些工程任务要求更高级的科学知识、数学推理和技能。根据你对每个儿童的了解，来确定这些挑战对个体和群体的适宜性。

工程师通过制作或优化物品，以便让其更好地工作来解决问题。当他们研究一个问题并试图想出解决方案时，会采取一系列步骤。尽管这个过程复杂多变，但基本步骤是：

- **想一想**。问题是什么？进行头脑风暴吧！你有什么材料或你需要什么材料？请制定计划！画出或草拟出你的想法。
- **构建或创造**。收集所需的材料，构建或创造出你提出的解决方案。
- **试一试**。测试你的创造。
- **修改或改进**。哪些成功了？哪些行不通？你该如何调整使它变得更好？再试试看。
- **分享**。向别人展示你的作品。谈谈你是怎么做的，听听他们有何可以改进的想法。

儿童可能不会按照线性的方式遵循这些步骤。他们可能会从任意一步开始，在各个步骤之间来回折腾，或在某一个步骤上花费更多的时间。

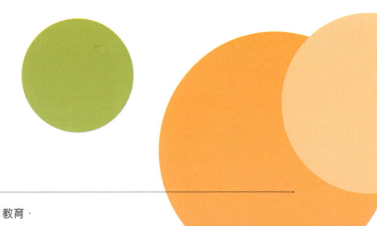

为了帮助儿童像工程师一样思考问题，教师可以利用日常活动中遇到的问题，运用工程设计的过程方法帮助他们找到解决方案。这就是克里（Kerry）在她的班级里的实践：

克里的班级里都是3-4岁的孩子，一个孩子把一个金属小汽车玩具掉在阁楼和墙壁的夹缝中了。对克里来说，她可以很容易地取回这辆车。但她把这当作孩子们需要解决的实际问题。在班会上，他们讨论了这个问题，并提出一些可能的解决办法。克里收集了一些孩子们建议的材料，在自由活动时，他们发明了可以用来取出汽车玩具的小装置。每个孩子都会和自己的搭档一起测试他们的装置。如果这个装置不起作用，他们会讨论失败的原因，调整和改善方案。在经过坚持和努力之后，他们想出了一个方法，把磁铁悬挂在绳子的一端来取出小汽车玩具。克里用照片记录了这个过程。在班会上，小组进行汇报展示，孩子们将这个经历以故事的形式分享给家人和其他客人。

学习环境

设计挑战背后的终极目标是引导儿童创造性地思考、大胆冒险和解决问题。正如工程师们可以随时随地解决问题一样，儿童也可以在教室或户外的任何区域接受这些设计挑战。儿童生活中无时无刻无处不充满着问题解决的情境。

灵活的空间布置是操作、制作和工程挑战的关键。了解挑战内容，然后考虑你需要的空间。一些挑战可能在能容纳一两个孩子的桌子上就能进行，而其他的可能需要重新布置家具，以便开展更大的项目，容纳更多的儿童。

在一些空间较大的班级里，教师设置了专供制作和操作的空间。在这些区域里通常会放置一个架子用来存放和展示材料以及工具，还会配备电源和一张大桌子。

设计挑战中使用的材料，通常可以在教室的美术和科学区域找到。如果你的教室空间不足以去设置一个专门的创客空间，你可以使用这些区域来储存材料。将这两个区域布置在相邻的地方，这样更方便儿童使用工具和材料。最重要的是，孩子们知道在哪里可以找到完成任务所需要的材料。当你在观察孩子们从事一项挑战时，可以建议并帮助他们找一些没有展示出来，但是有助于解决问题的材料。

儿童需要大量的开放性材料和松动的部件来积累操作、制作和工程的经验。将这些材料用有吸引力的方式摆放和呈现出来，能够更好地鼓励儿童发挥他们的想象力，去发明一些新的使用材料的方法。

收集材料

本书中建议的很多材料都可以在你的教室中找到。其他一些材料的来源可能包括：

- 家庭或当地企业的捐赠
- 当地的再利用资源中心
- 旧货市场

在方便的位置放置一个大的容器或收纳箱，以鼓励家庭捐赠材料。当家长来接送孩子时，就可以放下他们捐赠的物品。将你需要的材料尽量描述清楚，并要求确保回收的物品是清洁干净的。同时要确认出于安全考虑或存储问题，有些物品是不能接受的。

下一页就是一个教师为创客区域罗列的材料清单。她用这些材料来开展操作、制作和工程的设计挑战。

操作、制作和工程活动材料示例	
基本的设备和工具	适合孩子尺寸的护目镜、低温胶枪、儿童安全卡纸刀、卷尺、直尺、画笔、剪刀、镊子、放大镜、手电筒、漏斗、带夹子的写字板、订书机、打不碎的镜子、鸡蛋定时器、滴管、漏斗、量杯、托盘、磁铁、天平、小球、弹珠、PVC 管、滑轮、冰盘、适合孩子大小的锤子、钳子、螺丝刀
消耗品类	**用于建构的材料：** 木棒、牙签、纸管、吸管、新的泡沫塑料托盘、纸箱、清管器、车轮、木屑、木制线轴、塑料杯、纸盘、筷子、木签、软木塞 **用于连接的材料：** 胶带（遮蔽胶带、布基胶带、封口胶带、电工胶带、纸质胶带）、订书钉和订书机、胶水、胶棒、无头钉、线绳、毛线、麻线、金属丝、纸板连接器（例如，麦格鲁维先生的铆钉箱）、黏合剂、装订夹、衣夹、橡皮筋 **用于雕刻或塑型（模具）的材料：** 黏土、泡泡泥、橡皮泥、模具（例如，擀面杖和刮板） **用于搅拌与化学探究的材料：** 不易碎的杯子、碗、瓶、烧杯、试管、汤匙，咖啡过滤器，食用色素，各种原料（例如，醋、小苏打、酵母等），气球，其他能够黏合的材料（如白胶、玉米淀粉），可用于制作的水晶彩泥、橡皮泥或非牛顿流体（是将玉米淀粉和水以 2:1 或 3:2 的比例混合而得的。它最大的特色，就是黏性会随着瞬间压力的大小变化而变化） **用于装饰的材料：** 绒球、羽毛、塑料眼睛、贴纸、闪片、塑料泡沫板、珠子 **用于制作织物和纺织品的材料：** 线、毛线、钝的织补针、塑料网布、织布机、纺织物、马克笔、纽扣、绣线、毡 **用于书写和绘画的材料：** 铅笔、蜡笔、彩笔、彩铅、钢笔、白板、纸
电子和科技类	电池、电池盒、小马达、手电筒灯泡、LED 灯、手指灯、电路元件套装、开关、蜂鸣器

· 从"倒腾"开始的幼儿 STEM 教育 ·

孩子们并不需要集齐所有这些材料才开始设计挑战！关键是要从小做起。为某一个特定的设计挑战收集所需的材料，儿童将学习如何使用这些材料，并可以尝试在其他挑战中用不同的方式使用它们。当孩子们尝试新的挑战时，他们需要收集的材料会越来越多。本书的附录呈现了设计挑战、儿童类书籍和建议性材料的综合清单。

组织和摆放材料

当材料以具有吸引力的方式组织和摆放时，孩子们就可以清楚地看到材料使用的可能性。例如，他们可能会考虑所有可选择的材料，来决定如何把一根木棍和一个衣夹连接起来。如果一个策略不成功，他们就可以很快回到材料区寻找其他材料。

他们还会知道每样东西都会摆放在特定的位置，这可以

使他们更方便、容易地寻找和收拾材料。透明的塑料容器或篮子是存放这些材料的理想选择。还要注意把材料放在儿童的视线高度水平内。

使用操作托盘是一种很好地摆放材料的方法。操作托盘有助于引发创造和发明，发展他们的独立性和决策能力。分格的浅口容器，如玻璃箱、抽屉、餐盘、松饼盒、蛋盒或抽屉柜，非常适合用来制作一个操作盘。将一些小的、开放的材料或零部件放进去，以便儿童在建构或创造中使用。把托盘放在桌子的中间，方便所有的孩子能够看到，并且方便他们拿取自己所需的材料，根据需要及时补充或更换材料。操作托盘不仅可以用于设计挑战，还可以用在一般的制作和操作活动中。当你介绍操作盘的时候，可以设置一些简单的规则，例如：只能拿取你需要的东西，确保盘子放在桌子中间，或只有成年人能移动操作盘。向儿童说明每种材料都有自己特定的摆放位置，并示范如何把材料放回原位。

将完成的作品展示出来，这样其他孩子也可以从中学习。这种展示可以鼓励孩子们谈论他们使用材料的过程，也可以启发其他孩子进行创造。

有时候，一个项目可能需要几天时间才能完成。为"正在进行中的项目"设定专门的架子或空间，这样孩子们可以随时回到他们的活动中，继续他们的想法并进行改进。

安全

确保儿童在使用真正的工具时的安全，这其中包括让他们承担和管理风险。让儿童使用真正的工具对他们来说犹如赋权能，并且能够促进他们的独立意识发展，因为这种行为表明了你对他们的信任。作为一名教师，你的职责是清晰地教孩子们如何安全地使用工具，并监督他们的使用过程。例如，制定使用低温胶枪的规则，提供一些保护性的建议，并向儿童演示在不使用胶枪时，如何将它放进饼干罐中。如果你注意到了安全隐患，就及时指出来，并以此为契机介绍安全操作技术。

完成设计挑战同样如此。他们创建一个解决方案并加以测试，如果不成功，他们就会尝试其他方案。把失败的尝试当作帮助他们学习成长的机会，并培养他们的毅力。

本书介绍的挑战可以被灵活使用。它们不是按固定顺序排列的。选择一个或多个儿童感兴趣的挑战活动，也可以是你所在学校或社区正在开展的，或是你班级的儿童正在学习的相关活动。例如，设计类挑战"帮忙！它卡住了"（第54页）就是一个非常适合克里的班级使用的活动，因为孩子们恰好发现了被卡住的玩具汽车。

下面是设计挑战活动的全过程：

活动前

1. 回顾本书中的一个设计挑战活动。

2. 选择你打算阅读的图画书（或其他可替代的选择）。如果你选择了另一本图画书，可能需要稍微调整一下挑战内容。

3. 收集你认为有用的材料和其他物品。许多材料可能你的教室里已经有现成的了，但是你可能仍需要为某个设计挑战找一些额外的材料。

4. 介绍新材料和工具。在你不断添加新的材料和工具的同时，要教儿童如何安全地使用及准确地存放它们。启发儿童进行头脑风暴，讨论使用这些

介绍设计挑战

根据你的日程安排和时间，你可能希望在几天内完成单个设计挑战。你可以选择一天读一本图画书，然后第二天通过引导儿童回忆故事中的角色所面临的问题来介绍设计挑战。操作和解决问题需要时间。工程师在制作好原型或模型后，会经过多次调整，最终找到最好的解决方案，对于儿童来说，

材料或工具的方法和可能性。在介绍挑战之前，把新材料和新工具放在外面，以便孩子们进行开放式的探索。

5. 用具有吸引力的方式摆放材料。对于可以在桌子上开展的挑战活动，可以把材料放在筐子里或透明容器里，并摆放在距离活动场地较近的架子上。你也可以在桌子的中央放一个操作托盘，以便儿童拿取。对于更大的项目，就需要准备更多的空间，可以在手工区放置一个摆放材料和工具的小推车，也可以将挑战中要使用的书展示出来，便于孩子们参考。

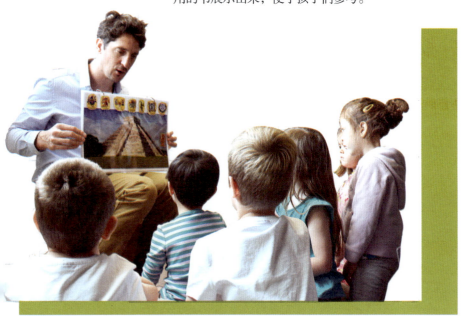

活动中

6. 给儿童读图画书。

7. 和儿童一起讨论故事内容。故事中的问题是什么？将问题与孩子们的已有经验建立关联。例如："你有没有做过一些能飞或能滚动或移动的东西，但是它们并没有你期望的那么成功？"

8. 一起进行头脑风暴，想想图画书中的人物可能解决问题的其他方法。

9. 介绍挑战。你可能某一天读了一本书，在另一天介绍挑战内容。对于较小的儿童或正在学习如何面对挑战的儿童来说，你需要提供操作和制作的建议。对于年龄较大的儿童或有完成任务能力的儿童，就要增加工程挑战难度。讨论他们可能会使用的材料或工具。调整挑战内容以满足班上儿童的个体需求和能力。

10. 邀请儿童制定计划。他们的计划中需要什么材料？他们的设计会是什么样的？让他们画出或草拟出他们的想法，并标记出各部分。画画是儿童（和成人）表达、澄清和与别人交流自己的想法的一种强有力的方式。

11. 在儿童构建作品的过程中给予支持。仔细地观察并试图理解他们的想法。讨论你所注意到的事情。鼓励他们描述自己的活动，并扩展他们的语言能力。例如，如果一个孩子说他的建筑不平稳，你可以回应："嗯，你的房子太摇晃了。我们怎样才能使它更稳固呢？"切忌给出太多信息或很快地提出具体建议。让孩子们自己尝试努力解决问题。当项目进展不顺利、没有成功时，把它作为一次讨论机会，讨论怎样做可能改善它，并且寻找原因。帮助孩子找到他们想要的或所需的材料。

12. 提出一些开放式的问题，并提出启发性的观点来激发孩子们思考。另外很重要的一点是需要基于你的观察来进行提问和评论。否则，可能会干扰孩子的思考，并可能导致他们忽视你的问题或中断活动。以下是一些可以参考的问题和提示：

   - 如果 _____，你觉得会发生什么？
   - 你可以做些什么使你的建筑更加稳固？
   - 你怎么做才能让球滚过迷宫呢？
   - 你对 _____ 注意到了什么？
   - 告诉我 _____。
   - 你是怎么使它更坚固的？
   - 你可以使用什么工具去 _____？
   - 当你设计你的 _____ 时，你会

想些什么？

   - 你是怎么改变你的设计使它 _____？
   - 你还有什么其他的方法来使用这些东西吗？
   - 你是怎么使它更快或更慢的？
   - 我想知道为什么你的发明老是掉下来。

13. 如果一个孩子感到沮丧或陷入困境，应提供一些可能的解决办法让他去尝试。给出一些提示并引导孩子进行头脑风暴。

14. 鼓励孩子们尝试他们的解决方案。让他们思考或讨论发生了什么。他们的解决方案成功吗？如果成功，孩子们学到了什么？如果没有，他们可以如何调整才会成功？他们可以如何改善或将它们改造得更好？

15. 使用"深度学习"（Going Deeper）的选项来为孩子们搭建鹰架，帮助他们学习，并给他们提供额外的挑战。你可以提供一些不同的材料或策略，提出调整或增加重量、高度、长度或体积的要求，或给他们的建筑提出特定的不同的要求。

活动后

16. 为儿童提供与他人分享的机会。鼓励他们通过给他人介绍和解释自己的作品来进行反思，可以是写故事、将过程表演出来、写一首歌、画一幅画，创建一个图表，或其他有意义的任何方式。为了吸引孩子们对挑战活动的兴趣，可以考虑邀请家庭成员、项目官员、其他班级和社区伙伴来教室观摩，了解孩子们创作的作品。这将为孩子们提供表达自己想法、分享活动过程和回答问题的机会。当他们分享自己的成果时，你也能够了解孩子们学到了什么，并能够更好地理解如何通过真实的情境来倡导早期的 STEM 学习。

能够让儿童进行"深度学习"的一种方式是让他们用纸板联动器和自动装置为他们的作品添加运动功能。

联动装置是机器和工具的重要部件，如钳子、折叠烘干机、折叠婴儿车、剪刀式升降机、剪刀和机车车轮等都包含联动装置。联动装置一般由杠杆和一个接合点或支点组成。学会用纸板联动器使物体移动之后再用纸板条和铜钉来制作一个机械玩具。

自动装置有时也被称为机械玩具或动力艺术，是使用机械元件，如凸轮（轮子）和曲柄，使雕刻品或机器的一部分能够动起来。

要了解有关联动装置和自动装置的更多信息，可以查阅一些网站上的描述和说明。

使用高科技的材料和设备

你喜欢学习使用新的、令人兴奋的技术吗？你是否考虑使用高科技的工具、材料和设备？如果是这样，那么想一想

如何以一种有意义的方式把这些新技术整合到设计类挑战中去。可能你所在的学校或社区就有一个 STEM 实验室、创客空间或拥有高科技材料的微观装配实验室（Fab Lab）。你可能认识一个本社区的家长或联系人，他们可以作为专家来你的班级里介绍一个新工具或展示一种新技术。如果你想学习更多的东西，尝试去联系更多能够帮助你的人。花点时间去操作，了解这些材料和技术是如何工作的。

为孩子们提供修理简单电路的机会，这是能够提升他们完成项目能力的一个好方法。一旦他们知道如何创造一个简单的电路，他们可能会使用 LED 灯、铜线和电池，为他们用箱子搭成的建筑物装上电灯。设计类挑战能使儿童在成人或年龄更大的孩子的帮助下，有目的、有意义地使用电子产品：

- 用 LED 灯和电池创造一个简单的电路，使灯发光
- 利用电池和小马达使物体移动
- 添加声音、警报器和传感器
- 创造一个定格动画或数码故事，并与他人分享

- 使用创客空间和实验室中的高科技设备，如 3D 打印机或激光切割机，来制作道具和小零件
- 把机器人技术与项目相融合

家庭参与

家庭成员能够在班级中的工程设计挑战实施中发挥重要作用。他们能够：

- 帮助你查找和收集资源
- 如果需要，可以用家庭中使用的语言来翻译故事
- 在设计的过程中辅助孩子们
- 作为专家资源参与到班级的活动中来
- 示范一种技能或如何使用一种工具
- 成为儿童的听众，了解他们的想法和创作过程

使用实时通讯或其他交流方式，让家长知道你希望他们参与其中，并提供一些他们可以参与的方式。你也可以和他们分享一些在家里拓展孩子学习的方法。了解各个家庭的兴趣，找出每个家庭喜欢一起从事的活动。

儿童从事设计挑战的成长与收获

	社会和情感	身 体	认 知
发展	· 与他人一起工作 · 分享 · 尊重他人的权利和工作 · 调节情绪 · 遵循指示	· 精细动作技能——手部操作、灵活性、手眼协调 · 粗大动作技能——平衡性、稳定性、移动、操作球类或类似物体	· 问题解决 · 推理 · 创造和发明 · 灵活思维 · 逻辑思维 · 坚持力

	语言和读写	数 学	科学和工程
内容学习	· 听力理解 · 自我表达 · 词汇 · 故事理解	· 数字 · 比较和测量 · 数据使用 · 集合和空间感 · 模式	· 观察和预测 · 科学探究 · 物理科学 · 生命科学 · 地球和环境 · 工程
	社会学习	**艺 术**	**技 术**
	· 社区工作 · 经济 · 人们如何生活	· 视觉艺术（涂色、绘画、素描、建模、雕塑、建构、编织等）	· 工具使用 · 基本的技术能力 · 人类如何使用技术

· 从"倒腾"开始的幼儿 STEM 教育 ·

观察和评价儿童的学习

当你实施设计挑战时，你将有大量的机会来记录儿童的成长，了解他们的所学所做。你可以拍照片和录像，收集儿童的作品案例，记录他们的话语。把他们的学习与活动目标联系起来。第18页的图表提供了一些你可能会在记录过程中使用到的知识、能力和心智倾向的示例。

接下来介绍的设计挑战是为了激发你开展操作、制作和工程类活动的灵感。当儿童发现问题、制定计划、建构和创造、验证想法、修改或完善计划、与他人分享自己的创作时，他们其实正在学习一些会让自己终生受益的能力。把这些挑战活动作为支持 STEM 游戏和探究的起点，将使教与学更加有趣且令人兴奋。当你不再满足于本书中的挑战活动，想要进一步探索时，可以使用附录中的"设计挑战计划模板"，尝试设计更多能够吸引儿童的挑战活动。

参考资料

※ Boston Children's Museum. 2016. *Tinker Kit: Educators' Guide*. Boston: Boston Children's Museum.

※ Resnick, M., B. Myers, K. Nakakoji, B. Shneiderman, R. Pausch, T. Selker, & M. Eisenberg. 2005. Design Principles for Tools to Support Creative Thinking. www.cs.umd.edu/hcil/CST/Papers/designprinciples.htm.

设 计 挑 战

小熊的椅子

灵感源自《金发姑娘和三只小熊 》（ Goldilocks and the Three Bears ）

小熊的椅子

问题

三只熊从树林里散步回到家里后，发现小熊的椅子坏了，燕麦粥也被喝光了，还有一个人在他们的床上睡觉。

三只熊是怎么处理那把坏椅子的？你认为他们怎样才能修好这把坏椅子？你有没有在家里或学校修理过被弄坏的东西？你是怎样做的？

· ·

材料

☐ 可重复使用的资源，如盒子、纸板和管子、木料和雪糕棍

☐ 连接类材料，如胶带、胶水、低温胶枪、纸板连接器以及图钉

☐ 工具类材料，如剪刀、儿童安全纸板切割器、卷尺

☐ 坏掉或无法使用的物品，例如玩具或小家电

☐ 一个天平和 3 千克的砝码

☐ 纸、马克笔、蜡笔或铅笔

安全提示：在切割纸板时需要成人辅助。

材料操作

假装你在森林附近的一个修理店工作，金发姑娘会把小熊的椅子拿过来修理。仔细看看那些坏掉的东西（玩具和小家电），再想想修理它们需要的工具和材料。你能修理什么？尝试使用不同的连接器将物体连接在一起。哪种方法对你要修理的东西最有效？

STEM 概念

平衡 / 工程设计 / 力 / 重力 / 测量 / 数概念 / 模式 / 科学探究 / 稳定性

小熊的椅子

设计挑战

制 作： 制作一把能站立的椅子。

工 程： 制作一把稳固的椅子，要求椅子不能摇晃，并且可以承受一个至少3千克重的物体。

图片来源：©NAEYC.

完成设计挑战

· **思考**。你将怎样制作这把椅子？你的椅子包括哪些部分？你要怎么做才能使它稳固？画出或描绘出你的想法。

工程： 你觉得小熊的椅子是哪部分坏掉了，为什么？他会坐在椅子的哪部分？椅子的哪部分支撑他离开地面？你会如何利用这个信息去设计你的椅子？你怎样做才能使椅子更加稳固，这样它就不会再被金发女孩弄坏？

· **制作**。收集材料去制作椅子。确保椅子结实、稳固。

· **测试**。试着让椅子站立起来。

工程： 你要把什么物品当作3千克的配重？这把椅子能承受的最大重量是多少？

· **改进**。是否成功了？如果没有，该如何调整使椅子更好、更结实或更稳固？

工程： 你的椅子稳固（不摇晃）吗？它能承受至少3千克的重量吗？

· **分享**。跟别人介绍你的椅子以及你是如何制作它的。问问他们是否有能使椅子变得更稳固的方法。

工程： 测试几把椅子。哪一把能够承受的重量最大？近距离地观察椅子，并且与其他人进行讨论，你认为哪些因素会使椅子更结实。

小熊的椅子

问题和讨论

如果 _____，你觉得会发生什么？

说一说你的椅子。

你觉得你的椅子可以承受多大的重量？

你觉得你的椅子哪部分最脆弱？如何使那部分变得更坚固呢？

回到书中的问题

你觉得为什么只有小熊的椅子坏了，而其他的椅子没有坏？

你觉得你的椅子和小熊的椅子比较起来怎么样？

深度学习

· 设计一把倾斜的椅子。你还需要什么工具和材料？你会怎么做？

· 教室有一把坏椅子（家庭、朋友、学校或社区成员捐赠的），请用工具拆卸和修理它。你如何使它可以重新被使用，并焕然一新？

· 如果动物想坐椅子呢？你会怎样设计和制作一把蛇可以坐的椅子？长颈鹿呢？豪猪呢？一只章鱼呢？一只蚂蚁呢？

· 观察不同类型的轮椅。它们是如何工作的？采访使用轮椅的人。他们有什么可以使轮椅变得更好的想法？设计并制作一个轮椅的雏形（模型），用它帮助别人完成一个特殊的任务或活动。

其他可以参考的书籍 *

A Chair for Baby Bear / Kaye Umansky，Chris Fisher

A Chair for My Mother / Vera B. Williams

Peter's Chair / Ezra Jack Keats

*每个"设计挑战"中的此处参考书籍信息，都详细汇总至附录的"书单"。——译者注

漂亮的建筑

灵感源自《建筑师伊吉·佩克》（*Iggy Peck, Architect* ）

漂亮的建筑

问 题

伊吉·佩克（Iggy Peck）早在两岁时就开始搭建，他用脏尿布建造了一座塔！随着年龄的增长，他仍然喜欢搭建，例如用苹果搭建一座教堂，用粉笔搭建一座城堡。当他上二年级时，他的老师就禁止他再搭建任何东西。但是这次班级郊游时，伊吉却把同学们从麻烦中拯救出来。

为什么伊吉的老师禁止他在班级里搭建呢？郊游的时候出现了什么问题呢？伊吉是如何运用他的搭建能力去解决问题的呢？

材 料

- ☐ 可重复使用的材料，如盒子、纸箱、硬纸筒、雪糕棍、牙签、纸盘、塑料杯、扭扭棒、木签和吸管
- ☐ 连接类材料，如胶带、胶水、曲头钉、夹子、橡皮圈、橡皮泥、黏土、电线、纸板连接器
- ☐ 工具类材料，如剪刀、卷尺、擀面杖和钳子
- ☐ 自己拍摄的高楼的照片或杂志上高楼的图片
- ☐ 100 个 1 角硬币
- ☐ 纸、马克笔、蜡笔或铅笔

材料操作

收集一些搭建的材料。你搭建过很高的建筑吗？你是怎么搭建的？你的建筑有多高？除了这些，你还想用其他什么材料搭建（例如吸管或木签）呢？你能用什么东西把它们连接在一起？你怎么做才能防止你搭的建筑物倒塌？（提示：尝试将材料搭"高"。）

STEM 概念

平衡 / 工程设计 / 力 / 几何 / 重力 / 测量 / 数概念 / 模式 / 材料的质量 / 科学探究 / 稳定性

漂亮的建筑

设计挑战

制 作： 使用不同的材料建造一幢高楼。

工 程： 使用材料去建造一幢你在照片或图片中看到的建筑雏形（模型）。
你的模型至少要有 60 厘米高，并且要足够稳固，能承受 100 个 1 角硬币的重量。

图片来源：Ann Scalley.

完成设计挑战

· **思考。**你将建造怎样的建筑？它看起来会是什么样的？画出或描绘出你的想法。

工程： 看看建筑的照片或图片，选择一个来进行搭建。这幢建筑里有什么形状？建筑里的形状有何异同？确认可供选择的材料。你将怎样搭建照片中建筑的模型呢？你会怎样做来保证它的稳定性呢？

· **制作。**收集材料并且搭建你的建筑。确保楼房结实和稳固。

工程： 你如何将这些形状组合成为一个不同的形状？哪些形状能使你的建筑更坚固呢？

· **测试。**建筑能立起来吗？

工程： 你的建筑物看起来和图片中的相似吗？测量你搭建的建筑的高度。它是不是至少有 60 厘米高？试试它能承受多少硬币的重量而不倒塌。

· **改进。**成功了吗？如果没有，该如何调整使建筑物更高、更结实或更稳定？

工程： 改变你的建筑物的结构，使它能够承受更多的硬币。记录新的建筑物能承受多少个硬币。

· **分享。**向别人介绍你的建筑物，并告诉他们它是什么样的。谁会使用这幢建筑？他们会用它来做什么？

工程： 为你的最终作品画一幅画，并且标记出它的各组成部分。把这幅画和你最初绘制的草图放在一起。和别人分享你的图画，并且告诉别人开始搭建后，你的计划是如何变化的。

· 从 "倒腾" 开始的幼儿 STEM 教育 ·

漂亮的建筑

问题和讨论

你还会使用哪些其他的材料去搭建一幢建筑物？

我发现你用 _____（长 / 短吸管，大 / 小盒子）在你的建筑物里形成了一种规律。

你要怎样让你的建筑物不倒塌呢？

你觉得你搭建的建筑物哪部分最坚固？为什么你这样认为？

回到书中的问题

伊吉用了一些不常用的材料搭建了楼房！你觉得有人能够真的去创造这样的结构并且让它们站立起来吗？为什么呢？为什么不能呢？你觉得伊吉可能会用什么材料去搭建一所学校、一个谷仓、一个棒球场、一个树屋呢？

深度学习

· 研究何种建筑物能够在地震、火灾、飓风或强风中幸存。你会如何设计和搭建一幢建筑物来应对这些灾难呢？你会使用哪些材料？

· 给你的建筑物增加更多的细节，包括门、墙、装饰和一个屋顶。想想你还可以增加哪些部分，例如拱门、安全出口、阳台和门廊。

· 测量你的建筑。比较你的建筑和你朋友建造的建筑的高度。制作一个能表现不同建筑物的高度的图表。

其他可以参考的书籍

Dreaming up: A Celebration of Buliding / Christy Hale

First Shapes in Buildings / Penny Ann Lane

How a House Is Built / Gail Gibbons

垒起来

灵感源自《不只是一个盒子》
（ *Not a Box* ）

垒起来

问 题

每一次，当有人问兔子用盒子做什么以及为什么要那么做时，他就会说："这不只是一个盒子！"每个人都认为盒子只是一个盒子，但兔子把它想象成赛车、一座山、着火的大楼、一个机器人、海盗船、热气球、一艘汽船或一艘火箭船。

你曾经使用盒子做过些什么吗？如果你是那只兔子，你会用一只盒子做些什么呢？

材 料

- ☐ 可重复使用的材料，如不同大小和形状的盒子、硬纸板、纸盘、纸杯和瓶盖
- ☐ 连接类材料，如胶水、曲头钉、胶带、铆钉、可重复使用的拉环和低温胶枪
- ☐ 工具类材料，如剪刀、儿童安全纸板切割器、木签、钳子
- ☐ 装饰类材料，如纱、线、布、毡、吸管、绒球、羽毛、塑料眼睛贴片、贴纸、亮片、泡沫纸、珠子、纸巾和手工纸
- ☐ 纸、马克笔、蜡笔或铅笔

安全提示：在使用纸板切割器时需要成人辅助。

材料操作

探索盒子。你将如何组合它们或进行装饰呢？又如何将其他材料和盒子一起使用呢？

用不同类型的纸板进行建构和创造。哪种类型的纸板最容易弯曲、折叠起来、打孔或裁剪？

在成人的帮助下，探索能够与纸板共同使用的工具和材料。尝试使用儿童安全纸板切割器、剪刀、铆钉和不同类型的胶带。

STEM 概念

平衡 / 几何 / 设计工程 / 重力 / 运动 / 物体的物理属性 / 科学探究 / 简单机械 / 空间关系

垒起来

设计挑战

制　作：使用纸盒去创造一些新的东西。

工　程：使用纸盒发明一个游戏，使玩家能够在游戏中得分。

完成设计挑战

· **思考。**你会用纸盒做些什么？是兔子做过的东西，还是一些完全不同的东西呢？你会如何创造？你需要什么材料？画出或描绘出你的想法。

工程：想想你喜欢的游戏。它们是怎么玩的？怎样用盒子和其他的物品发明一个新游戏呢？玩家怎样得分？怎样记录得分？

· **制作。**收集材料并且用你的盒子进行创作。如果你喜欢，还可以装饰你的作品。

工程：用材料来发明你的游戏，包括玩家得分的方式和规则。

· **测试。**使用你的"盒子作品"。

工程：和你的朋友玩一玩你发明的游戏，并进行测试。

· **改进。**你的作品是否达到你的期望？如果没有，你要怎样改变它呢？

工程：你的游戏哪些地方成功了？哪些地方不成功？你想如何改变？

· **分享。**让别人猜猜你用盒子创造的作品。邀请他们一起玩你发明的游戏。记录或口述你做了什么。

工程：邀请别人来加入你的游戏。给他们演示游戏是怎么玩的。询问他们有没有新的想法可以改善游戏。如果其他朋友也用盒子设计了游戏，可以建立一个游乐中心并邀请其他人一起来玩。

垒起来

问题和讨论

我想知道你可以用这些纸箱做什么。

我想知道如果 _____ 会发生什么。

你会如何玩它们呢?

如果你想要你的游戏或你的作品 _____?
你会怎么做呢?

你如何保证你的游戏材料足够坚固,当别人试着玩的时候不会被弄坏?

回到书中的问题

兔子是如何发挥想象力的呢? 你是怎么发挥你的想象力的?

兔子还有其他什么方式来使用一个单独的盒子呢?

深度学习

· 如果只使用圆柱体的盒子,你会制作什么呢? 试试你的想法。

· 搭建能够覆盖 1.5—1.8 米范围的东西。

· 研究如何把纸板连接器或纸板自动装置添加到你的作品中,以使作品能够动起来(见本书第 16 页描述)。

· 怎样使用电池和灯泡使你创造的作品亮起来?

· 参观一个有纸板激光切割机的地方(图书馆、创客空间),现场看看它是怎么工作的。它的工作原理是什么呢?

· 把一个小盒子拆开并平铺开来。把它作为一个模板(模式)参考,用手工纸或卡纸制作一个新的盒子。

其他可以参考的书籍

A Box Story / Kenneth Kit Lamug

Clancy and Millie and the Very Fine House / Libby Gleeson, Freya Blackwood

What to Do With a Box / Jane Yolen, Chris Sheban

虫虫之城

灵感源自《昆虫建筑师》(*Roberto:The Insect architect*)

虫虫之城

问 题

罗伯托（Roberto）不像其他白蚁，他不喜欢吃木头，而想用木头来搭建，所以他去往大城市实现自己建筑师的梦想。在那里，他遇到了一些迫切需要住房的新昆虫朋友。

罗伯托发现想成为一名建筑师是很困难的，因为他还没有建造过任何东西来向人们证明他能行。他会如何解决这个问题？如果你要为某个人建造一个家，你会把它建成什么样子呢？

材 料

- [ ] 可重复使用的材料，如纸巾卷、各种类型的盒子（包括食品纸盒、牛奶盒和鸡蛋盒）、报纸、酸奶杯、泡沫托盘、牙签和铝箔
- [ ] 连接类材料，如胶带、胶水、低温胶枪、钉、丝、纸板连接器、夹子、衣夹、麻绳、订书钉、订书机
- [ ] 工具类材料，如剪刀、钳子、打孔机、卷尺
- [ ] 建筑材料，如乐高积木、木质积木、小建筑木板和K'NEX（美国的一种建构玩具）
- [ ] 可参考和计划使用的资源，如非小说类的昆虫书籍和录像、图纸和图片

- [ ] 小的昆虫玩具
- [ ] 一个250克重的砝码
- [ ] 纸、马克笔、蜡笔或铅笔

材料操作

选择两个或三个物品。你可以用它们做什么？再添加一个物品。如何用它来改变结构？如何把这些材料连接在一起？

检查图纸。看看不同的标识以及房间、门和窗是如何表示的。画出自己的建筑图纸。按照你的图纸，用积木搭建你自己的建筑物。

STEM 概念

建筑 / 设计工程 / 生命科学（生物、昆虫学、栖息地）/ 测量 / 观察 / 物质属性 / 科学探究 / 稳定性 / 结构

虫虫之城

设计挑战

制　作：为昆虫建造一个家。

工　程：为昆虫建造一个能满足它们特定需求的家。建造的房子应该至少有60厘米高；应足够结实，可以容纳一个至少250克重的物体；要有一个专供小玩具昆虫（或你创造的昆虫）进出的入口，这个入口高度不超过5厘米。

完成设计挑战

· **思考。** 昆虫的家里需要什么？画出或描绘出你的建造想法。

工程：选择一种昆虫。在书里或视频中观察和了解这种昆虫。如果可能的话，近距离地观察一只真正的昆虫。它是如何移动的？它吃什么？它需要多大的空间？你会设计一个什么样的家来满足这只昆虫的需求？就像罗伯托制作的图纸一样，画出或描绘出你的计划，包含的细节越多越好。

· **制作。** 收集材料，为你的小昆虫建造一个家。

工程：记住你建造的家必须至少有60厘米高，且能够承受250克重的物体。不要忘记建造一个入口，其高度不超过5厘米。

· **测试。** 测试你建造的家。它的各部分是连在一起的吗？你觉得对于昆虫来说，这个家是否足够稳固？

工程：你的昆虫能够穿过这个入口吗？这个房子有60厘米高吗？它能承受至少250克重的物品吗？

· **改进。** 你为昆虫建造的家哪里很好，哪里有问题？你能如何改进它呢？

工程：对比你之前的计划和你最终建成的家。制定计划对你有何帮助？你是否需要回过头来完善你的计划和你建造的家呢？如何完善？

· **分享。** 给其他人展示你的计划和你为昆虫建造的家，并询问他们的意见。他们会如何建造呢？

工程：制作一部关于昆虫的家的小电影。描述昆虫主人公的特点，并介绍你建造的家是如何满足它的需求的。

虫虫之城

问题和讨论

你为什么要选择这种昆虫？

告诉我你建造的虫虫之家的特点。你是如何建造它的？

你还可以为这个家增加些什么呢？

这个虫虫之家和你的家一样还是不一样？哪里相同？哪里不同？

回到书中的问题

罗伯托如何确保他的建筑能满足居住者的需求？

如果罗伯托的家人到大城市来看他，会发生什么事？

深度学习

- 头脑风暴，为你所在地区的一种真正的昆虫建造一个家。找找能被放置在外面的材料。你的建筑将如何吸引这些昆虫？制定计划，然后动手建造虫虫家园。

- 研究其他类型动物建造的家，选择一种并尝试去建造。

- 研究如何使用牙刷、电池、LED 灯、小型马达和一些装饰品，为你的虫虫之家创造一个机器虫（牙刷机器人）。

- 为你的玩具昆虫搬进新家制作一部定格动画片。

其他可以参考的书籍

The Best Book of Bugs / Claire Llewellyn，Chris Forsey，Andrea Ricciardi di Gaudesi，David Wright

A House Is a House for Me / Mary Ann Hoberman，Betty Fraser

Insects and Spiders / Bo Rin，Do Gam，Joy Cowley

搭建桥梁

灵感源自《三只比利山羊》（*The Three Billy Goats Gruff*）

搭建桥梁

问 题

3 只比利羊想上山坡去吃草。他们必须经过一座桥才能到达那里，然而桥下住着一个卑鄙、丑陋、想要吃掉他们的老巨魔。

他们如何发挥聪明才智和凝聚力量战胜巨魔呢？如果比利羊不走过巨魔的这座桥，他们还有其他的方式到山坡上吗？

材 料

- ☐ 可重复使用的材料，如报纸、吸管、雪糕棒、牙签、回形针、棉棒、黏土、塑料杯、泡沫塑料托盘、硬纸箱、薄板和管子
- ☐ 连接类材料，如胶水、胶带、电线、曲头钉
- ☐ 工具类材料，如剪刀、尺子和卷尺
- ☐ 不同设计造型的桥梁照片
- ☐ 天平和 3 个用来代表比利羊 3 千克重的砝码
- ☐ 纸、马克笔、蜡笔或铅笔

材料操作

用不同的材料建造桥，如牙签、吸管、卷起来的报纸或黏土。你将如何把这些材料组合在一起？哪些材料看起来比其他材料更坚固呢？

STEM 概念

平衡 / 力 / 几何 / 重力 / 测量 / 运动 / 数概念 / 模式 / 科学探究 / 稳定性 / 结构工程

搭建桥梁

设计挑战

制 作： 建造一座能阻挡恶魔的、站立的桥，这样山羊就能过河了。

工 程： 建造一座阻挡恶魔的桥，宽度至少 25 厘米长并能承受至少 3 千克重的物体。

图片来源：Ann Scalley.

完成设计挑战

· **思考。** 仔细观察不同的桥的照片。你将如何建造你的桥？画出或描绘出你的想法。

工程： 你在桥的照片中发现了哪些形状？这对你搭建自己的桥有何启发？你会使用什么物体来代表你的比利羊呢？你会在这座桥上增加什么来阻挡恶魔上来呢？

· **制作。** 收集材料并且搭建能阻挡恶魔的桥。

工程： 确保你的桥足够坚固，能承受至少一只比利羊的重量，并且还需要具备一个能够阻挡恶魔的功能。

· **测试。** 看看这座桥是否能站立，不会倒下。

工程： 比利羊能安全地过桥吗？测试你的桥，每次放一个重物，看看它什么时候倒下。

· **改进。** 你的桥成功了吗？如果没有，如何改造使它更坚固或更好呢？

· **分享。** 用你的桥来表演三只比利羊的故事。在故事表演中，向比利羊们解释你是如何为他们搭建了这座新的桥，并告诉他们这座桥为什么坚固。

工程： 将你在搭桥过程中遇到的问题记录下来或与他人分享。你是如何解决问题的？在搭建的过程中你学到了什么？

搭建桥梁

问题和讨论

如果 _____，你认为会发生什么呢？

什么形状的桥最坚固？

你可以用什么工具去测量桥呢？

你觉得你搭建的桥能承受多大的重量呢？

回到书中的问题

你为什么认为你为山羊们设计的桥是个好设计呢？

深度学习

- 设想你的桥必须建在一条河上，而且要是原来桥宽的两倍。调整你的设计或建造一座新桥，要求宽度至少50厘米，且能够承受至少一只比利羊的重量。

- 河上现在可以正式通船了。船需要从桥底穿过。建造一座能让这些船通过的吊桥。你还需要哪些其他的材料呢？

- 假装巨魔嫉妒了，也想要一座自己的新桥。记住，他比山羊大得多！建造一座新桥，承重是原来桥的两倍。

- 使用坚固的纸板和连接器，或使用木棍、锤子、钉子和其他类似的材料，为山羊建造一座更坚固、更持久的桥。比较你造的两座桥。你发现了什么？

其他可以参考的书籍

Pop's Bridge / Eve Bunting，C.F. Payne

This Bridge Will Not Be Gray / Dave Eggers，Tucker Nichols

Twenty-One Elephants and Still Standing / April Jones Prince，Francois Roca

疯狂的抛石机

灵感源自《奥运猪》（*Olympig*）

疯狂的抛石机

问 题

一只叫布默（Boomen）的猪参加了动物奥运会。他不是最快的，也不是最强壮的，但他很努力。在所有项目中，有一个项目使布默感到麻烦，那就是撑杆跳，他似乎越不过那个高杠。

你看见过别人做撑竿跳吗？在撑竿跳项目中，运动员用长杆将自己撑起越过一个高杠。抛石机也会把物体发射到空中。被发射的物体称为抛射体。你在哪里见过抛石机？弹弓也是其中的一种。让我们来尝试制作一个抛石机发射物体吧。

材 料

☐ 可重复使用的材料，如雪糕棍、压舌板、Tinker Toys（美国一种建构玩具）、木制或塑料勺子、瓶盖和木屑

☐ 连接类材料，如胶水、胶带、衣夹、橡皮筋、低温胶枪、电线、钉、线绳、可重复使用的拉链和长尾夹

☐ 小而轻的抛射体（被发射的物体），如毛绒球、纸团、棉花球、乒乓球和塑料泡沫球

☐ 抛石机的图片

☐ 纸、马克笔、蜡笔或铅笔

材料操作

你会怎样使用和组合这些材料，用以发射一些轻的物体呢？（提示：抛石机的诀窍是从 45° 角发射物体。45° 角的概念对该年龄段的儿童来说有些超前。可以引导儿童在发射物体时，将抛石机压或推至满或半满等不同程度，观察对应的发射效果，以此帮助他们进行研究探索。）

STEM 概念

设计工程 / 能量 / 力 / 重力 / 运动 / 数概念 / 科学探究 / 简单机械

疯狂的抛石机

设计挑战

制 作： 用勺子作为抛石机来发射毛绒球或其他比较轻的物体。

工 程： 设计并制作一个抛石机，能够发射软而轻的物体，射程至少 1.5 米。

图片来源：Cate Heroman.

完成设计挑战

· **思考**。思考并说说你将如何制作你的抛石机。你需要哪些材料？画出并描绘出你的想法。

工程： 哪些因素会影响抛石机发射的射程呢？你会如何使它变坚固？哪些材料是最结实的？

· **制作**。制作你的抛石机。预测你能把一个软软的物体，如毛绒球，发射到多远。

工程： 你会如何建造底座？使用轻巧但是结实的材料制作抛石机的发射臂。

· **测试**。把毛绒球或其他轻的物体放在抛石机发射臂的尾部。发射！发射的物体飞了多远？你的预测有多准确？

工程： 测量发射物降落点到弹射器之间的距离。试着把抛石机的发射臂往下按一点或抬高一点。这对发射物的射程有何影响呢？

· **改进**。抛石机成功了吗？如果没有，你如何调整呢？

工程： 如果你想让物体发射得更远，你可以做些什么或如何调整呢？

· **分享**。把你的抛石机和同伴做的抛石机比一比。记录每个物体弹射出去的距离。

工程： 给其他人展示你的抛石机如何工作。说说你的设计为何如此成功，或是为何和你预想的不太一样。当你在制作和测试这个抛石机的时候，你学到了什么？其他人有没有改进它的好办法？

疯狂的抛石机

问题和讨论

我想知道哪个物体会飞得更远，是更重的还是更轻的？

在不改变设计的情况下，你怎么做能使你的抛石机发射的物体飞得更远呢？它飞的距离有多远呢？

如果要发射更大或更重的物体，同样的抛石机还能用吗？有什么必须要改变的吗？

如果一次发射超过两个毛绒球会发生什么？它们飞出去的距离一样吗？它们会朝同一个方向飞出去吗？

如果你使用比蛋糕棍长的东西来制作，如码尺，会发生什么呢？你的抛石机要怎么调整？它能使物体发射得更远吗？

回到书中的问题

撑竿跳和你制作的抛石机有什么不同？有什么相似之处呢？如果你要制作一个抛石机帮助布默跃过高栏，你觉得需要多大？你会用什么材料呢？（记住，布默很重哦！）

深度学习

· 使用不同的设计制作另一个抛石机。

· 在离抛石机远一点的位置放置一个容器(如桶、塑料碗和杯子)，用来接住发射出来的毛绒球或其他软而轻的物体。看看你能不能准确地投进。将几个容器进行排序，根据它们离抛石机的距离，给它们编号。

· 设计并制作一个能从一个地方移动到另一个地方的抛石机。

· 研究中世纪的抛石机。使用可循环利用的材料，制作一个可以在中世纪使用的抛石机模型。

其他可以参考的书籍

Explore Simple Machines! With 25 Great Projects / Anita Yasuda，Bryan Stone

The Knight and the Dragon / Tomie dePaola

Simon and Catapult Man's Perilous Playground Adventure / Norene Smiley，Brenda Jones

小船浮起来

灵感源自《谁让小船沉没了？》（*Who Sank the Boat?*）

小船浮起来

问 题

一头牛、一头驴、一头猪、一只绵羊和一只老鼠坐船去玩。每上来一只小动物，船就会下沉一些，直到船最终完全沉下水。

老鼠是最小的动物，但当他上船后，船就沉了！你认为发生了什么事？是什么使物体下沉或漂浮？

材 料

☐ 可重复使用的材料，如铝箔

☐ 工具类材料，如剪刀、卷尺和尺子

☐ 能够下沉或漂浮的物体，如硬币、包装用的泡沫球、瓶盖、橡皮筋、回形针、鹅卵石、不同类型的球和弹珠

☐ 大的盛水容器

☐ 纸、马克笔、蜡笔或铅笔

材料操作

你认为哪些物体在水中会浮起来？哪些会下沉？验证你的预测。你发现了什么？你有什么办法能使漂浮的物体沉下去吗？你有什么方法使会下沉的物体漂浮起来？

STEM 概念

浮力 / 密度 / 设计工程 / 几何 / 重力 / 测量 / 物质属性 / 科学探究 / 沉与浮

小船浮起来

设计挑战

制作： 使用铝箔做一艘漂浮的小船。

工程： 用 64.5 平方厘米的铝箔建造漂浮的小船，然后在沉入水中前尽可能多地放入硬币（或其他轻一点的物体）。

图片来源：Cate Heroman.

完成设计挑战

· **思考。**船是什么形状的？仔细研究材料。你如何能把它们制作成一艘能漂浮的船呢？画出或描绘出你的想法。

工程：怎样做才能使你的小船在放入重物时，还能保持漂浮呢？预测你的船能承受的硬币数量。

· **制作。**制作一艘小船。你觉得什么形状的船承载效果会最好？

工程：使用铝箔制作几艘小船。把这几艘小船做成不同的形状。

· **测试。**你的小船能漂浮起来吗？如果不能，它是一下子就沉下去还是过一段时间才沉下去？你觉得为什么会

这样呢？

工程：在你的小船里一个一个地增加硬币。在船沉下去之前，你一共放了多少硬币？哪种形状的船承载的硬币最多？

· **改进。**如果船不能飘浮起来，你觉得是什么原因呢？你会做些什么改变，使它漂浮起来？

工程：你会怎样改造你的小船，让它能承受更多的重量？为什么要做这些调整？

· **分享。**为别人介绍你是如何制作这艘小船的，并给他们演示小船是怎么漂浮的。

工程：为别人介绍哪种设计能使小船承载最多的重量而且不会沉下去，并解释原因。

小船浮起来

问题和讨论

我想知道如果你用的是潮湿的硬币，而不是干燥的硬币，会发生什么？

你认为什么形状的小船最容易漂浮？哪种小船最容易在水上移动？

当你在设计小船的时候，你在思考些什么？

回到书中的问题

前四种动物，因为他们的位置影响了船的平衡。当牛踏上船的一端时，发生了什么？为什么？羊坐在哪里才能使船保持平衡？你放硬币的位置是如何影响小船的？

深度学习

· 你还能用其他材料造一艘船吗？这会如何影响它承载重量的能力？

· 做一艘形状不同的船，如游艇或独木舟。比较它们漂浮的方式，以及它们能承载的重量。两艘船漂浮的结果一样吗？如果不一样，为什么？

· 如果你试着把船放在不是水的液体上会发生什么？试一试，找出答案。

· 如果小船是原来的两倍大，你觉得它能装下多少硬币呢？如果只有原来的一半大呢？

其他可以参考的书籍

The Gingerbread Boy / Paul Galdone

Mr. Gumpy's Outing / John Burningham

Toy Boat / Randall de Sève，插图 Loren Long

多种多样的小发明

灵感源自《工程师罗茜》（*Rosie Revere , Engineer*）

多种多样的小发明

问 题

虽然罗茜（Rosie）在学校很安静，但是每到夜晚，她的想象力就会开始飞翔，她发明了各种各样的小玩意儿。有一天，她的姨妈萝丝（Rose）告诉罗茜，她年轻时参与建造过很多飞机。但姨妈萝丝告诉她，自己还有一个目标没有实现，那就是她终生的梦想——飞翔一次。罗茜决定去创造一个神奇的发明，帮助她的姨妈实现梦想。但是，唉！它不会飞，它坠落了。失败了吗？其实，只有你放弃时才真的失败了。

罗茜使用了哪些材料去制作她的发明？她是怎么想到这些办法的？你创作了什么？你的发明能成功吗？

材 料

- [ ] 可重复使用的材料，如盒子、硬纸板、管子、雪糕棍、碎布、毛线和软木塞
- [ ] 连接类材料，如胶带、金属丝、低温胶枪、纸板连接器和曲头钉
- [ ] 工具类材料，如剪刀、儿童安全纸板切割器、卷尺、儿童专用锤子、螺丝刀、钳子
- [ ] 日用品（一些带有活动部件的物品），如背包、牙刷、存钱罐、雨伞、手电筒或电话
- [ ] 可供拆卸的玩具，且带有活动部件
- [ ] 用于组装的物品，如螺母、螺栓、衣夹、雪糕棍和木屑
- [ ] 纸、马克笔、蜡笔或铅笔

安全提示：在切割纸板时，需要成人辅助。

材料操作

拆卸有活动部件的物品。检查其内部的齿轮、马达、弹簧、电路或电线。这些零件是如何连接的？它们是如何工作的？你如何能使它更好地工作呢？试着重新组装。如果不能组装，你会怎么使用这些零部件去制作新的物品？

探究如螺母、螺栓、衣夹、雪糕棍和木屑等物品。用真正的工具把它们组合起来，创造出新的东西。

STEM 概念

设计工程 / 测量 / 机械工程 / 科学探究 / 简单机械 / 技术

多种多样的小发明

设计挑战

制 作： 选择一种日常用品进行改造并完善。

工 程： 找到一种方法来改善日常用品，使它变得更轻、更小、功能更强大，或能够具有多种用途。

图片来源：©iStock.

完成设计挑战

· **思考**。选择一个你经常使用的物品。怎样才能将它改造得更好用？你会如何改造？画出或描绘出你的想法。

工程： 有什么方法可以使这个物品更小或更结实？怎样做能减轻它的重量？有没有办法使它功能更强大？如何将它改造得具有更多功能？

· **制作**。收集材料并且创造你的新发明。

· **测试**。尝试使用你的新发明。

工程： 你将如何判断它的重量是否变轻，或功能是否更强大？用你的新发明可以做什么事情？

· **改进**。它能使用吗？如果不能，你会如何调整，使它能够工作？

工程： 你能使用不同的材料让你的发明更轻吗？你能给它添加其他功能，使它更有用吗？

· **分享**。向别人介绍你的发明以及你制作的过程。问问他们有没有好办法，使你的发明变得更好。

工程： 为你的新发明制作一则商业广告，并解释它为什么比原来的更好用。

多种多样的小发明

问题和讨论

你为什么要选择这个物品进行改造？

请介绍你的发明。你会怎么命名它呢？为什么？

如果 _____ 你觉得会发生什么？

制作这个发明的过程中，最大的挑战是什么？

回到书中的问题

你觉得为什么罗茜的飞行器不能工作？当飞行器不能飞起来时，你觉得罗茜会有什么感觉？有时错误有助于我们改进计划。罗茜是如何改进她的计划的呢？

深度学习

- 什么是工程师？画出或写下你的想法，然后与他人分享。采访不同类型或工种的工程师，看看他们都从事什么活动。

- 观看视频"凯恩的游乐场"。用纸板发明一个游戏。你的发明中使用了哪些简单的机械？

- 选择一种像漏斗或软管的日常物品，看看你能把它想象成多少种不同的东西。

- 与需要使用特殊设备来帮助自己移动的人聊天，如使用轮椅、步行机、拐杖、滑板车、假肢装置、翻页器或书夹的人。问问这些人对改进这些设备有何建议和想法。绘制或制作模型。

其他可以参考的书籍

Papa's Mechanical Fish / Candace Fleming，Boris Kulikov

Violet the Pilot / Steve Breen

What Do You Do With an Idea? / Kobi Yamada，Mae Besom

帮忙！它卡住了

灵感源自《卡住了》（*Stuck*）

帮忙！它卡住了

问 题

弗洛依德（Floyd）的风筝卡在树上了。他尝试用各种方法把它弄下来……他朝树上扔鞋子、梯子、油漆桶、汽车、邮递员，甚至两艘船和一头鲸鱼等玩偶。但是它们都被卡住了。弗洛依德怎样才能把它们都弄下来呢？

你曾经有什么东西被卡住过吗？在哪里？是怎么卡住的？你后来怎么拿到它的？

材 料：

- [ ] 可重复使用的材料，如木棍、报纸、筷子、木签、橡皮泥和纸筒
- [ ] 连接类材料，如曲头钉、胶带、胶水、衣夹、扭扭棒、夹子、尼龙搭扣、订书钉和订书机、麻绳和电线丝
- [ ] 工具类材料，如卷尺、"抓取"类工具和玩具、剪刀、钳子、镊子、夹子、衣夹和手电筒
- [ ] 软而轻的物品，便于成人安全地悬挂
- [ ] 纸、马克笔、蜡笔或铅笔
- [ ] 与剪刀式联动装置有关的图片（或实物），如升降梯、折叠式化妆镜或一个剪刀状的钳子

STEM 概念

设计工程 / 力 / 重力 / 测量 / 观察 / 问题解决 / 简单机械

材料操作

你用什么样的动作来抓东西？观察抓东西的工具，如镊子、钳子、夹子、衣夹，还有"抓取"类工具和玩具（类似于娃娃机的装置）。它们是如何工作的？试着用这些工具来捡东西或拿取物品。你会如何制作你的抓取工具呢？

研究一种能帮助你拿取够不着的物品的抓取工具。怎么使用它呢？拆开一个废旧的钳臂看看。你会如何制作自己的抓取工具？

看看剪刀状的物品的实物或图片（例如54页的示例）。使用一个1.3厘米宽的纸板条或大的雪糕棍、曲头钉，尝试制作一个剪刀式的联动装置。（提示：用木签在纸板条上钻孔。用两个纸板条交叉做一个 × 形状，然后在交叉点钉上曲头钉。制作一定数量后把它们连接在一起，用曲头钉固定各自的尾部。这样就成了一个能够延伸去抓取物品的小工具了。）

帮忙！它卡住了

设计挑战

制作： 设计并制作一个工具或机器，可以使你不用手就能抓取物品。

工程： 设计一个工具或机器，可以帮助你拿取悬挂在头顶上方至少 60 厘米处的物品。

图片来源：Cate Heroman .

完成设计挑战

· **思考**。说说你的想法。你打算拿取什么物品？它在哪？你可能会用哪些材料来制作你的工具？画出或描绘出你的想法。

工程： 物品是如何卡在上面的？它有多高？如果不使用梯子或其他工具爬上去，你要怎么把它拿下来呢？

· **制作**。收集材料，制作你的抓取工具。

工程： 物体是如何卡在上面的（胶带、尼龙搭扣、磁铁、钩子）？你的工具会怎么工作（提、拉、推、滑、抓）？

· **测试**。测试你的工具。它能用吗？你能用它拿到物品吗？

· **改进**。如果你不能抓取到物品，原因是什么呢？你能做

什么样的调整使你的发明更好地工作呢？再试一试吧。

工程： 哪部分成功了，哪里不行？还有其他的材料能使它更好地工作吗？

· **分享**。和别人讲述你拿取物品的故事。问问他们想要尝试什么。头脑风暴，想出新的办法来拿取卡住的物品。

工程： 给你的工具制作一个广告。演示它是如何工作的。说明如何使用它来拿取物品。展示你的工具可以如何帮助老人或行动不便的人们。

帮忙！它卡住了

问题和讨论

告诉我它是怎么工作的。

我想知道为什么你的工具总是散架。怎样能使它更坚固一些?

关于 ＿＿＿＿＿＿＿ 你有没有注意到什么?

为什么当你试图拿取卡住的物品时，它可能反而卡得更紧? 你会做些什么呢?

如果你没有办法碰到物品并测量它离你有多远，你会怎样确定你的工具应该做多长呢?

回到书中的问题

你觉得你发明的小工具能帮助弗洛依德拿到卡在树上的风筝吗? 如果不能，你要怎样改造它呢?

深度学习

· 如何改变你的设计，以满足更多人的操作需求? 动手试试并进行测试。

· 给你的工具加上活动部件。你还需要哪些其他的材料呢?

· 想想其他可能会卡住物体的地方——例如：排雨沟里，一条小溪的岩石之间，或在又大又重的家具后面。选择其中一种情况，制作一个可以取到被卡住物品的工具。

其他可以参考的书籍

Bubble Gum, Bubble Gum / Lisa Wheeler，Laura Huliska-Beith

My Truck Is Stuck! / Kevin Lewis，Daniel Kirk

Tikki Tikki Tembo / Arlene Mosel，Blair Lent

三只小猪的房子

灵感源自《三只小猪》（ *The Three Little Pigs* ）

三只小猪的房子

问 题

每一只小猪都选择了不同的材料，用稻草、棍子和砖头造房子。但是大灰狼总是想吹倒他们的房子。

为什么大灰狼能把稻草房子和木棍房子吹倒，却吹不倒砖头房子呢？前两只小猪可以做些什么才能阻止大灰狼把他们的房子吹倒呢？

●●

材 料

☐ 可重复使用的材料，如吸管、木签、雪糕棍、牙签、没有削过的铅笔、木屑、树枝、咖啡搅拌棒、松针、纸杯

☐ 连接类材料，如胶带、长尾夹、胶水、黏土、回形针、订书钉和订书机

☐ 工具类材料，如剪刀、卷尺、尺子

☐ 建构玩具，如乐高积木、木质积木、小建筑木板和 K'NEX（美国的一种建构玩具）

☐ 能够制造风的装置或工具，例如扇子或杂志或报纸

☐ 纸、马克笔、蜡笔或铅笔

材料操作

选一个开阔的地方探索材料。哪些材料比其他材料更结实？你会如何使用连接材料，把这些材料牢固地连接在一起？

STEM 概念

力 / 几何 / 重力 / 测量 / 数概念 / 物质属性 / 科学探究 / 简单机械 / 结构工程

三只小猪的房子

设计挑战

制　作：选择材料建造一座房子。

工　程：使用像稻草、树枝和砖头一类的材料，建造一座结实的房子，无论什么样的风都吹不倒。

图片来源：© NAEYC．

完成设计挑战

· **思考**。使用风扇或其他风力设备来探究风的力量。想想为什么稻草屋和树枝屋会被吹倒。你将如何建造你的房子？你要怎样做才能使它变得坚固和稳定？画出或描绘出你的想法。

工程：你会如何设计房子来阻止大灰狼进来？你会怎样战胜大灰狼，防止它吹倒你的房子或用别的方式进来呢？

· **制作**。收集材料建造一座房子。确保它足够坚固和稳定。

工程：你会怎样建造地基呢？屋顶呢？窗户呢？门呢？

· **测试**。你的房子能独立地站立起来吗？

工程：房子上有方便小猪进出和开关的门吗？当扇子风力由弱到中到强的时候，你的房子还能稳固不动吗？大灰狼还有其他途径可以进入房子吗？

· **改进**。如果你的房子不能独立站立起来，你可以如何调整使它变得更好、更坚固或更稳定呢？接下来你会尝试使用什么材料呢？

工程：你会改变什么或增加些什么材料来确保小猪们安全，确保房子不会被大灰狼吹倒或通过其他方式进去？

· **分享**。向别人介绍你的房子，说说你是如何建造的。问问他们有没有更好的办法帮助这个房子变得更好。

工程：请别人来测试房子的坚固性。让他试试看能不能吹倒你的房子。和他一起合作，找找有什么方法可以使房子更坚固。

· 从"倒腾"开始的幼儿 STEM 教育 ·

三只小猪的房子

问题和讨论

如果 _____，你觉得会发生什么？

我想知道，如果刮风的时候，你的房子还能不能依旧站立不倒？我们怎样才能知道答案呢？

房子的大小或形状会影响它的坚固性吗？还有什么因素会影响房子的坚固性呢？

回到书中的问题

你建造的房子和三只小猪建造的房子相比较有什么不同？你认为这三只小猪想要建造和你一样的房子吗？他们能够建造吗？为什么能，或为什么不能呢？

深度学习

· 添加一种新材料（如木块）和一种新的连接材料（如防水胶带）。这些新增材料对你的作品有什么影响吗？

· 除了使用风扇，你还有什么方法可以测试你建造的房子的坚固性呢？

· 去附近走走或翻看一些建筑物的照片。你能看到什么形状？试着在你的建筑中加入这些形状元素。哪种形状最坚固，并能承受最大的重量？

其他可以参考的书籍

The Three Horrid Little Pigs / Liz Pichon

The Three Little Pigs: An Architectural Tale / Steven Guarnaccia

The True Story of the 3 Little Pigs! / Jon Scieszka，Lane Smith

鞋子是否合适

灵感源自《精灵们和鞋匠》（*The Elves and the Shoemaker*）

鞋子是否合适

问　题

有一天，鞋匠发现他的皮革只够做一双鞋了。他将皮革裁剪好，在午夜时候，精灵们用它做了一双鞋。如果晚上鞋匠在工作台上留下的皮革越多，精灵们就会制作出更多的鞋子。鞋匠和他的妻子为精灵们做了衣服之后，精灵们就离开了。

精灵们做鞋子需要什么工具和材料呢？如果你要做一双鞋，会用什么工具和材料呢？

材　料

- [ ] 可重复使用的材料，如厚纸、卡纸、纸板、棉线、毛线、布、毡、箔、塑料包装纸、海绵、泡沫包装袋、泡沫和鞋带
- [ ] 连接类材料，如胶带、胶水、低温胶枪以及尼龙搭扣
- [ ] 工具类材料，如剪刀、卷尺、尺子、比较钝的织补针以及塑料网布
- [ ] 可以拆开的旧鞋，如发光运动鞋、踢踏鞋、毛绒拖鞋或旱冰鞋；被纵向切割的旧运动鞋，可以看见每个层次（可选择性材料）
- [ ] 装饰类材料，如纽扣、荧光笔、羽毛、绒球、亮片、绣花丝线
- [ ] 纸、马克笔、蜡笔或铅笔

材料操作

把材料放在桌子上。哪些材料适合做鞋？为什么？把鞋的轮廓（或请求别人帮你）画在纸板、卡片或厚纸上，然后将轮廓剪下来。选择你喜欢的方式来装饰你的鞋子。把旧鞋拆开，看看它们是怎么制作成的。保留一些部分，然后通过混合和搭配不同的部分或元素，创造出新的风格。

观察研究一双旧的会发光的运动鞋。看看它们是怎么发光的？电池在哪里？什么时候鞋子会发光的？如何发光？

拆开一些特殊的旧鞋，如溜冰鞋、吱吱响的学步鞋、毛绒拖鞋或踢踏鞋，看看里面有什么。

STEM 概念

重力 / 生命科学（人体）/ 测量 / 数概念 / 模式 / 物质属性 / 科学探究 / 结构工程

鞋子是否合适

设计挑战

制作： 为鞋匠设计并制作一双鞋。

工程： 挑选一项活动或一项运动，为它们设计并制作专用鞋（例如，下雨时穿的鞋子，打篮球时穿的鞋子，或跳远时穿的鞋子）。

图片来源：Cate Heroman .

完成设计挑战

· **思考**。仔细观察你和你的同学们穿的各种不同的鞋。你首先要做什么？画出或描绘出你的想法。

工程： 观察各种不同的鞋（徒步靴、雪地靴、雨鞋、运动鞋或芭蕾舞鞋），了解这些特殊用途鞋的构造，它们是如何实现特定功能的。说明你准备制作什么样的鞋，打算在什么活动中穿。

· **制作**。收集你要的材料并且制作你的鞋子。

工程： 你会用什么材料使鞋子穿起来舒服？使它们柔韧性好？你会用什么材料来防滑？

· **测试**。尝试穿上你的鞋子。它合适吗？你走路的时候它们跟脚吗？如果你跑或跳起来，会发生什么？

工程： 你制作的鞋子能不能帮助你表现得更好？

· **改进**。如果鞋子不合适，你能如何调整使它们更好呢？

· **分享**。告诉别人你是如何制作鞋子的。问问他们有没有什么好的办法做出不同的鞋，或他们会如何改进这双鞋。

工程： 把你做的鞋子和成品的鞋子比一比。你发现了什么？

鞋子是否合适

问题和讨论

如果＿＿＿＿＿＿＿，我想知道会发生什么呢？

告诉我你正在做什么。

你会怎样调整让这双鞋子更适合脚大的人？

你会为喜欢在寒冷天外出活动的人制作什么鞋子呢？

说说你是怎样确保你的鞋是跟脚的。

为什么有些鞋子的鞋底比其他的鞋底更滑？

回到书中的问题

你用来制作鞋子的工具和精灵在故事中使用的工具一样吗？你认为精灵会怎么评价你制作的鞋子？

深度学习

· 看看左脚的鞋子和右脚的鞋子有什么区别。哪些是相同的，哪些是不同的？你需要如何调整你的设计，使它们可以成为一双鞋（一只适合左脚和一只适合右脚）？

· 制作一双有鞋带的鞋。你成功了吗？为什么成功了，为什么没有成功呢？

· 用不同的材料制作鞋子，如纸、布料、乙烯基塑料、纸板、塑料或皮革。针对不同的材料，你会用什么工具？

· 怎样给你做的鞋子加上灯？

· 用量脚尺或其他尺量一量，为你的老师或朋友设计和定做一双鞋。采访他们，了解他们最喜欢的颜色、面料和风格。在制作鞋子之前，先画好鞋子的草图，并从你的"顾客"那里得到相关信息和要求。

· 观看运动员比赛的录像。仔细观看他们的脚是怎样移动的。他们有没有跳、踢、滑、抓或跑？基于这些动作，你要如何调整鞋子的设计？

其他可以参考的书籍

Pete the Cat: I Love My White Shoes / Eric Litwin，James Dean

Shoes for Me! / Sue Fliess，Mike Laughead

Shoes, Shoes, Shoes / Ann Morris

榨果汁

灵感源自《卡特琳娜和柠檬汁店铺》
(*Caterina and the Lemonade Stand*)

榨果汁

卡特琳娜（Cateria）决定搭建一个柠檬汁店铺，赚钱为自己买一辆滑板车。她很快了解到她的许多朋友也有柠檬汁店铺。她要怎么做才能使她卖的东西更特别呢？

有很多方法可以让你的产品与众不同。卡特琳娜可以尝试哪些解决方案呢？如果她没有做到让自己的柠檬汁和别人不一样，会发生什么事？

你最喜欢的果汁是什么？你尝试过发明自己的果汁吗？你觉得你会做出什么样的果汁？

材　料

☐ 可重复使用的材料，如压舌板、吸管、塑料瓶和杯子、黏土和橡皮泥

☐ 厨房用具，如榨汁工具、水果刀、防摔的碗和罐、过滤器和量匙

☐ 多汁可口的水果

☐ 密封的塑料夹层袋

☐ 纸、马克笔、蜡笔或铅笔

材料操作

在榨汁前先尝一尝这些水果。然后用榨汁工具将水果榨出汁，做成饮料。果汁饮料和切好的水果有何异同？

试着在你的果汁中加入少量的甜味剂。喝起来怎么样？

试着用切好的水果片、一个塑料三明治袋和一根吸管来制作果汁。你会怎么做？

用黏土或面团来改造厨房小工具。

STEM 概念

化学 / 设计工程 / 绘图 / 健康和营养 / 测量 / 自然 / 物理科学 / 植物 / 数量 / 科学探究 / 简单机械

榨果汁

设计挑战

制 作： 制作一种口味独特的果汁饮料，且味道可口，再给这款饮料取一个吸引人的名字。

工 程： 发明一种新的榨汁工具，并给它取名。

图片来源：Ann Scalley .

完成设计挑战

· **思考。** 你想制作哪种果味饮料？你会怎么给你的饮料命名？你要怎样才能把果汁从水果中提取出来？研究你现有的工具，看看它们是如何工作的。画出或描绘出你的想法。

工程： 设计一种能从水果中提取果汁的新工具。它将如何工作？为什么这样设计是最好的？你会叫它什么？

· **制作。** 选择一种或多种水果。用榨汁工具挤压出果汁。如果你喜欢的话，可以添加甜味剂。

工程： 制造一种新的榨汁工具，然后用它来制作独特美味的果味饮料，并给每种饮料起个好听且吸引人的名字。给你的榨汁工具也起一个朗朗上口的名字。记录下你的配方。

· **测试。** 尝尝你做的果汁。

工程： 描述果汁的味道。它是酸的还是甜的？刺激吗？

· **改进。** 你喜欢你做的果汁吗？如果你不喜欢，那你会怎样改进呢？你认为还有什么配料能使它尝起来更美味呢？这个颜色让你更有食欲还是更没胃口？怎么使它看起来更吸引人？

工程： 你的榨汁机工作效果如何？你可以如何调整使你的机器出汁率更高？

· **分享。** 将你的饮料介绍给别人，让他们尝尝并记录他们最喜欢的是哪种。让他们猜猜你用了什么水果榨汁。

工程： 制作一个广告来展示你的榨汁机，并解释它的工作原理。进行顾客调查，找出最受欢迎的果汁口味，并将统计得出的结果绘制成图表。

· 从"倒腾"开始的幼儿 STEM 教育 ·

榨果汁

问题和讨论

如果没有榨汁机，可以怎样榨果汁呢？

你打算如何制作五人份的果汁？十人份呢？

你打算如何榨果汁？

回到书中的问题

卡特琳娜如何想出了使她的柠檬汁独一无二的点子的？谁帮助了她？你是怎么和别人合作想出解决办法的？

深度学习

· 除了水果，还有哪些原料可添加到饮料中？如何使各种口味均衡，如甜、酸、咸等。试试你的想法。

· 小组协作，改善榨汁机使它一次可以榨出更多果汁（或制作一些小的榨汁机）。然后创建一个公司，为公司取一个名字并设计标志和商标。为公司打广告，并把饮料带给本班和其他班级同学尝试。

· 考察研究一部市面上买来的榨汁机。它是如何工作的？有哪些重要的部件？请运用你的所学设计并制造一部属于你自己的电动榨汁机。

其他可以参考的书籍

Lemonade for Sale / Stuart J. Murphy, illustrated by Tricia Tusa

Lemonade in Winter：A Book About Two Kids Counting Money / Emily Jenkins，illustrated by G. Brian Karas

Once Upon a Company：A True Story / Wendy Anderson Halperin

像动物一样移动

灵感源自《弗雷迪动物园》（*Fraidyzoo*）

像动物一样移动

问 题

小T一家想去动物园玩，但小T很害怕。她记不清具体害怕哪种动物，所以她的家人设计制作了动物服饰，并模仿动物们的动作。

你有没有像小T一样害怕动物园里的某种动物？你的家人做了哪些事帮助你克服恐惧？

材 料

☐ 可重复使用的材料,如纸板、厚纸片、彩纸、泡沫、布、工艺棒、木签或筷子

☐ 连接类材料,如胶带、图钉、纸板铆钉、胶水、订书钉与订书机、尼龙搭扣

☐ 工具类材料,如剪刀、儿童安全纸板切割器、画刷、卷尺、直尺、钝织针以及塑料画布

☐ 装饰性面具和服饰,如颜料、纺织物、马克笔、棉线、塑料眼睛、纱线、毛毡、管道清洁器、纽扣、绣花线和绒球

☐ 关于动物们的图画书、照片或视频

☐ 纸、记号笔、蜡笔或铅笔

安全提示：儿童切割纸板时需要成人的辅助。

材料操作

研究这些材料，用心感受。当你探索这些材料时，你想到了哪些动物？哪些材料的纹理看起来像不同动物的皮毛？

用儿童纸板切割刀将纸板切割成不同的形状（也可以使用事先切好的各种形状的纸板）。

将纸板放在泡沫上，用木签在上面扎孔。用图钉与纸板铆钉将不同形状的纸板连接起来，然后研究如何移动它。

STEM 概念

设计工程 / 地理 / 生命科学（动物运动规律）/ 测量 / 机械联动装置 / 数的概念 / 观察 / 模式 / 技术 / 工具使用

像动物一样移动

设计挑战

制作： 制作一个动物园动物的面具或服饰。

工程： 制作一套逼真的动物服饰，穿上后，模仿这种动物移动。

图片来源：© NAEYC.

完成设计挑战

· **思考。** 你选择一种动物，观看这种动物的照片或视频。仔细记录它的特征以及它如何移动。画出或绘制你制作面具和动物服饰的计划。你如何保证它们合身呢？

工程： 选择一种动物，并仔细观察其身体的各个部位。它有可以开合的钳子吗？它有可以摆动的尾巴吗？它如何移动？你穿上这套服饰后能像这种动物一样移动吗？

· **制作。** 收集材料，制作面具或动物服饰。参照图片和你绘制的计划。

工程： 你如何制作服饰中的可以活动的部分。

· **测试。** 将你制作的动物服饰和这种动物的照片或视频进行对比。

工程： 你的动物服饰合身吗？你的服饰中的哪些特点使得你穿上后能像这种动物一样移动？

· **改进。** 如果你的服饰看起来不像你选择的动物，应如何改进，使它看起来更像呢？

工程： 如果动物服饰不合身，或穿上后，没法按照你设想的方式移动，如何调整才能达到效果呢？

· **分享。** 戴上你做的面具或穿上动物服饰并向别人展示。看看他们能否猜出你是哪种动物。如果他们猜不出来，就在教室里模仿这种动物移动，同时发出这种动物的叫声。现在他们能猜出来了吗？

工程： 向别人介绍如果穿上你制作的动物服饰可以方便模仿动物移动的哪些特征。询问他们有没有改进的建议。

像动物一样移动

问题和讨论

请描述一下你的服饰。

你所选择的这种动物如何移动？它这样移动时需要用到它身体的哪些部位？

你制作的动物面具或服饰和别人做的像吗？哪里不像？

回到书中的问题

你制作的面具或服饰跟《弗雷迪动物园》里的动物像吗？你觉得你的面具和服饰对像小 T 这样害怕动物的小朋友有帮助吗？

深度学习

- 如何制作一个比你现在做的这个还大一倍的动物服饰？

- 制作一种动物服饰的成人版和儿童版。

- 尝试用纸板、布条和图钉制作一副动物骨骼，再用马克笔和装饰性材料为它添加细节特征。

- 你能让你制作的动物的眼睛亮起来吗？你能录下这种动物的声音吗？

- 以你创作的动物为故事的主角，拍摄一部微电影或定格动画。

其他可以参考的书籍

Put Me in the Zoo / Robert Lopshire

A Sick Day for Amos McGee / Philip C. Stead，Erin. Stead

What if You Had!?（series） / Sandra Markle，Howard McWilliam

纸飞机

灵感源自《超级纸飞贼》（*The Great Paper Caper*）

纸飞机

问 题

森林动物们的家园正在消失，树木被人砍伐殆尽。动物们聚集在一起试图查明真相。他们发现熊族正在偷偷砍伐树枝，用来制作不太完美的纸飞机，用以参加一个比赛。

你做过纸飞机吗？它飞得怎么样？

材 料

☐ 可重复使用的材料，如打印纸、报纸或杂志的纸张

☐ 小砝码，曲别针或图钉

☐ 纸、马克笔、蜡笔或铅笔

☐ 连接类材料，如胶带、订书钉与订书机（可选）

材料操作

选择不同种类的纸张，折叠并感受一下，想想哪种适合用来做纸飞机。

找一架纸飞机，将其拆解并展开，研究它的制作原理，然后，再将它折回去。

玩一玩别人做好的纸飞机。

STEM 概念

空气动力学 / 拖动 / 力 / 几何 / 抬力 / 测量 / 运动 / 科学探究 / 结构工程 / 推力 / 风

纸飞机

设计挑战

制作： 将纸叠成纸飞机，看看它能飞多远。

工程： 制作一架复杂一点的纸飞机，能飞得越远越好，而且在给它添加重量时它还能飞起来。

图片来源：© NAEYC .

完成设计挑战

· **思考**。在书本上或网上观察纸飞机。它是如何制作的？你打算选用哪种纸张？你打算将你的纸飞机做成什么形状？将你的构想画成草图。

工程： 在书上或网上观察复杂的纸飞机设计。你会从中选择一个来设计制作你自己的纸飞机吗？哪种纸是最适合设计的？你会如何制作来保证在飞机身上增加重量它还能飞？

· **制作**。将纸张叠成纸飞机。

· **测试**。测试一下你的纸飞机。它能飞吗？

工程： 你的飞机能飞多远？每次试飞的飞行距离都一样远吗？记录一下每次飞行的距离，绘制成图表。

· **改进**。如果效果不理想，你打算如何改进？

工程： 如果给纸飞机增加重量会如何？在不同部位增加重量或增加不同重量的配重，结果会有不同吗？绘制另一个图表，记录下纸飞机每次飞行的距离。换一种纸张制作纸飞机会如何？为纸飞机增加重量并重新测试一下，将记录的飞行距离再绘制成一张图表。

· **分享**。向别人介绍你的纸飞机。问问他们会如何制作一架纸飞机。

工程： 向别人展示你的图表，并解释你的图表是如何反映你的纸飞机飞行情况的。

纸飞机

问题和讨论

跟我讲讲你的飞机。

当你改变 _____ 时，你的纸飞机飞得如何？

我想知道如何 _____。

如何使你的纸飞机飞得更远？更高？更慢？更快？

回到书中的问题

你的纸飞机够不够好？能否赢得比赛？如果还不够好，你打算如何改进？

深度学习

- 如果再制作一架只有现在这个尺寸一半大的纸飞机，你打算怎样做？它能飞得更好吗？

- 你的纸飞机在室内飞得好，还是在室外飞得好？

- 制作一架纸飞机，让它在有风的环境下飞得更好。

- 制作两架纸飞机：一架机翼面积更大，另一架的外形则更光滑些。和一位朋友合作同时飞出这两架纸飞机。比较一下哪个飞得快，哪个飞得远？为什么？

其他可以参考的书籍

Float / Daniel Miyares

Kids' Paper Airplane Book / Ken Blackburn and Jeff Lammers

Whoosh! Easy Paper Airplanes for Kids: Color，Flod，and Fly! / Amy Naylor，Kimberly Schwede

宠物提篮

灵感源自《迪克西的家：被拯救的小狗的真实故事》（*A Home for Dixie: The True Story of a Rescued Puppy*）

宠物提篮

问 题

艾玛（Emma）特别想要一条属于自己的狗狗。在反复请求下，艾玛的父母最终决定满足她的心愿，他们打算去动物收容所收养一条小狗。

他们如何把狗狗从动物收容所带回家呢？你觉得有什么好方法，可以将狗狗带回家，同时还能照顾它的需求？

材 料

☐ 可重复使用的材料，如纸盒、纸板、管道清洁器、线、布和报纸

☐ 连接类材料，如胶带、图钉、胶水、铁丝、订书钉与订书机

☐ 工具类材料，如剪刀、卷尺、儿童安全纸板切割刀和直尺

☐ 一台天平和一个3千克重的重物

☐ 宠物日常用品，如防摔饮水碗、宠物玩具和毛毯

☐ 纸、马克笔、蜡笔或铅笔

材料操作

动脑筋思考如何将这些材料组合制成一个坚固的宠物提篮。尝试使用不同材料的拼接方法。

STEM 概念

工程设计 / 几何 / 重力 / 生命科学 / 测量 / 科学探究 / 简单机械

宠物提篮

设计挑战

制　作： 设计制作一个提篮，使宠物主人可以用来从动物收容所来回运送自己的宠物。

工　程： 设计一个宠物提篮，要求足够结实，能承载 3 千克重的宠物和宠物料理用品。

图片来源：Cate Heroman .

完成设计挑战

· **思考**。你打算运送哪种宠物？它需要什么空间？当你把宠物放在提篮里时，你如何保证它的安全？将你的构想画成草图。

工程： 你如何照料你的宠物？你如何将提篮做得足够结实可以装运你的宠物？你打算如何拿这个提篮呢？

· **制作**。收集制作宠物提篮所需材料。

工程： 考虑如何保障宠物在提篮里的安全。

· **测试**。你的提篮是否足够安全和结实？是否能装下一只宠物？

工程： 你的宠物提篮是否有可以开合的门？提一下提篮的把手。当在提篮里放一个 3 千克重的重物时会发生什么？为了照顾宠物，你的提篮里面还设计了哪些东西？

· **改进**。这个提篮好用吗？如果不好用，如何进行改进从而让它更好？

工程： 如何调整提篮的把手和总体结构，使它能更好地承载宠物及其所需的物品呢？

· **分享**。同别人描述你的宠物提篮，并向他们展示如何使用。询问他们有没有改进的建议。

工程： 向别人介绍你的宠物提篮的特色，包括宠物提篮里面的材料及其必要性。告诉他们你是如何将这些用品设计在提篮里面的。

宠物提篮

问题和讨论

假如 _____，你觉得会怎么样？

跟我介绍一下你的宠物。

跟我说说你的宠物提篮。

你打算如何调整你的设计，以便它可以 _____？

回到书中的问题

你觉得你的宠物提篮是否足够结实，可以让艾玛用它把宠物带回家吗？为什么可以？为什么不可以？

如果艾玛收养的是一条金鱼，她需要什么样的宠物提篮呢？

深度学习

· 如何为宠物蚂蚁设计一个宠物提篮？如果是宠物蛇呢？

· 如何为一只重达 6 千克的宠物设计宠物提篮？

· 如果有一只情绪紧张并且容易受惊的宠物，如何设计一个宠物提篮，使它在里面能感到安全呢？

其他可以参考的书籍

Before You Were Mine / Maribeth Boelts，David Walker

A Home for Dakota / Jan Zita Grover，Nancy Lane

Yoda: The Story of a Cat and His Kittens / Beth Stern，Devin Crane

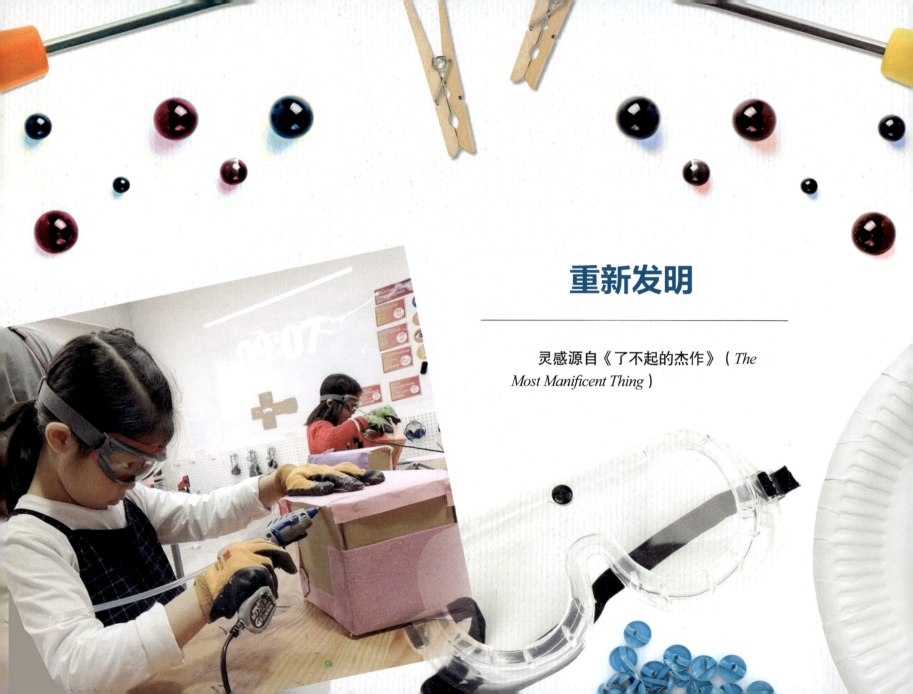

重新发明

灵感源自《了不起的杰作》（*The Most Manificent Thing*）

重新发明

问 题

一个小女生决定制造一个"了不起"的东西。她对这个东西的模样与功能有清晰的构思，但经历一次又一次的失败后，她觉得很沮丧。她最好的朋友狗狗说服她先休息一下。散步之后，她的思路一下子清晰了，最后她终于制造出了一个"了不起"作品。

你有没有计划受阻时心情沮丧的经历？你是怎么应对的？

材 料

- [ ] 可重复使用的材料，如纸盒、线、旧 CD 与 CD 盒、PVC 管道、冰托盘、纸盘、塑料杯、木签、防摔镜、软木、漏斗、黏土、球或大理石珠子、坏掉玩具的零件
- [ ] 连接类材料，如胶水、图钉、胶带、衣物别针、铁丝、磁铁和尼龙搭扣
- [ ] 工具类材料，如儿童专用锤、螺丝刀、护目镜、滑轮、剪刀、钳子、订书钉与订书机、低温胶枪
- [ ] 可拆卸的旧玩具，如玩具收银机、玩具汽车、电动毛绒玩具或玩具机器人
- [ ] 纸、马克笔、蜡笔或铅笔

材料操作

把诸如玩具收银机、玩具汽车、电动毛绒玩具、发条玩具或玩具机器人等旧玩具拆开。这些玩具是怎么组装起来的？思考一下，你可以用这些零部件中的哪些东西来创造一个新的作品。

STEM 概念

设计工程 / 数概念 / 物理属性 / 科学探究

重新发明

设计挑战

制 作： 用四个物品创造一个新的东西。

工 程： 用四个物品创造一个可以用来解决问题或简化任务的新东西。（提示：你可能需要某种东西来防止鞋带松掉，或帮一个人背很重的背包，或用来清理洒出来的牛奶，又或用来喂养班级的宠物）

完成设计挑战

· **思考**。观察这些材料，并思考如何用不同的方法使用它们。选择可以一起被用来创造一个全新东西的四样物品。将你的想法画成草图。你打算给你的作品取什么名字？

工程： 你创作的作品可用来解决什么问题，或可以简化哪些任务？

· **制作**。你所选的四样物品都要被用上。你如何将它们组合在一起？

· **测试**。你对你的作品满意吗？为什么满意或为什么不满意？

工程： 测试你的发明。你原本计划用你的作品解决什么问题？哪部分成功了？哪部分没有？

· **改进**。你打算对你的发明做哪些改进，为什么？

工程： 解决问题和制定计划哪个更容易些？怎样才能做得更好些？

· **分享**。撰写或口述一个你的发明以及你完成发明所经历的故事。

工程： 为别人展示你发明作品的工作原理及其潜在的使用者。邀请他们试用你的发明，并提出改进建议。他们能用你的发明解决问题吗？

· 从"倒腾"开始的幼儿 STEM 教育 ·

重新发明

问题和讨论

我想知道，如果 _____ 的话会如何？

跟我说说你的发明。

还有没有其他方式来使用这些物品？

回到书中的问题

你的发明可以被称为"了不起"吗？为什么可以或为什么不可以？

深度学习

· 把步骤一步步记录下来，以展示你的制造过程。

· 如果在你的作品中添加其他物品，如小马达、蜂鸣器等，它会有何变化？

· 创作一个新的小发明作品，要求尽可能地用到简单机械材料（轮子、轴承、杠杆、斜坡、楔子、滑轮和螺丝）。

其他可以参考的书籍

Awesome Dawson / Chris Gall

The Branch / Mieeille Messier，Pierre Pratt

Choose to Reuse / Lisa Bullard，Wes Thomas

过山车

灵感源自《过山车》(*Roller Coaster*)

过山车

问 题

游乐场里，人们排起了长队等待体验名为"火箭"的过山车。当好多人快排上队的时候，却改变主意不想玩了。一些人感到兴奋和紧张，另外一些人则表现得平静且自制。过山车蜿蜒曲折，不断旋转再循环。

你有没有坐过过山车？你能否创造一种可以像过山车一样运动的东西？

材 料

☐ 可重复使用的材料,如PVC管、泡沫管、发泡绝缘管、纸板管（沿管道中轴线切开）

☐ 连接类材料，如胶带、管道清洁器、胶水以及铁丝

☐ 可滚动的东西，如小球或大理石圆球

☐ 一个秒表

☐ 纸、马克笔、蜡笔或铅笔

材料操作

观察所有材料，思考哪些是可以滚动的。探索它们在物体表面或内部滚动的流畅程度。

探索小球从斜坡滚下的实验。哪种球滚动得最快？如何变动斜坡让小球滚动得更快？

STEM 概念

离心力 / 力 / 重力 / 测量 / 运动 / 科学探究 / 简单机械（倾斜平面）/ 速度 / 结构工程 / 速率

过山车

设计挑战

制作： 用纸筒设计一个大理石球跑道，尝试各种方案使大理石球以不同的速度滚动。

工程： 用泡沫管、大理石球以及其他材料制作一个翻滚过山车，要求设计一些特定动作，如循环、转圈以及旋转。

完成设计挑战

· **思考。** 你打算如何建造大理石球跑道？你打算用哪些材料？跑道的高度、长度、宽度是多少？你将如何在不同地方测试这个跑道？将你的构想画成草图。

工程： 假如你以前没坐过过山车，那先想象一下它的样子。你打算如何制作自己的大理石球过山车？为了保证大理石球能从跑道头滚动到跑道尾，轨道的起点需要多高？你如何保证大理石球不会翻出跑道外？大理石球从跑道起点滚动到跑道终点需要多长时间？

· **制作。** 收集材料建造大理石球跑道或过山车。

工程： 在你的设计中添加循环、转圈和旋转动作。

· **测试。** 在过山车轨道里面放置一个大理石球来测试你的跑道。大理石球滚得有多快？

工程： 放一个大理石球到跑道中进行测试。大理石球能在到达终点前一直都保持在跑道中吗？

· **改进。** 如果你的大理石球跑道没如预期般成功，可以如何调试以使它更好？

工程： 如果你的大理石球会翻出跑道，你打算如何调整跑道？如果大理石球在滚动时不能始终盘旋循环在轨道上，你如何调整跑道？

· **分享。** 将你的跑道和你同学制作的跑道比较一下，哪个更合理？你觉得这是为什么？

工程： 跟别人分享你的过山车。当他们试玩你的过山车时，效果表现如何？如果不好，请他们帮助你进行改进。

过山车

问题和讨论

如果你 ＿＿＿＿＿＿ 会如何？

你的过山车还可以完成哪些动作和效果？

你有没有留意到哪些因素影响大理石球的滚动速度？如何让它们跑得更快？

回到书中的问题

你的大理石球过山车是否像故事中的过山车一样好用？

其他可以参考的书籍

Curious George Roller Coaster / H. A. Rev and Monica Perez

Harriet and the Roller Coaster / Nancy Carison

The Roller Coaster Kid / Mary Ann Rodman，Roger Roth

防松鼠喂鸟器

灵感源自《那些该死的松鼠！》（*Those Darn Squirrels!*）

防松鼠喂鸟器

问 题

老人福克威尔（Fookwire）喜欢观察和画鸟。他做了一个喂鸟器，在里面放了许多种子和浆果，这样鸟儿们冬天都会围在喂鸟器周围。但讨厌的松鼠总是偷偷溜进喂鸟器并将鸟食一扫而空！

福克威尔老人是如何赶走这些松鼠的？这个方法有效果吗？

材 料

☐ 可重复使用材料，如纸盒、工艺棒、筷子、纸板箱、塑料勺子、PVC 管、塑料杯

☐ 连接类材料，如胶带、胶水、低温胶枪、图钉、管道清洁器、麻绳、铁丝、衣物别针

☐ 工具类材料，如护目镜、剪刀、卷尺、画笔、儿童专用锤子、螺丝刀、钳子

☐ 装饰性材料，如颜料、羽毛、泡沫、贴纸

☐ 纸、马克笔、蜡笔或铅笔

材料操作

探索这些材料，思考哪种材料可以用来制作很高的东西。

STEM 概念

平衡 / 重力 / 机械 / 测量 / 数概念 / 科学探究 / 简单机械 / 稳定性 / 结构工程

防松鼠喂鸟器

设计挑战

制　作： 用任意方案建造一个喂鸟器。

工　程： 建造一个坚固的独立式喂鸟器，并且要求高度尽可能高。

图片来源：Ann Scalley，Lesley Ellis School .

完成设计挑战

· **思考**。你打算如何制作一个喂鸟器？你在哪里放置鸟食？鸟如何吃到这些鸟食？将你的想法画成草图。

工程： 如何建造一个很高的喂鸟器？如何确保喂鸟器足够高，可以使松鼠够不着？如何确保这个喂鸟器足够稳固，不会轻易掉下来？你会使用哪种材料来制作？

· **制作**。收集材料，制作一个喂鸟器。

工程： 你打算怎样制作独立式的喂鸟器？

· **测试**。鸟能自由出入喂鸟器吗？喂鸟器里面有放置鸟食的地方吗？

工程： 喂鸟器是否能独立稳固而不会掉下来？

· **改进**。喂鸟器能发挥作用吗？如果不能，你如何改进？

工程： 制作喂鸟器成功了吗？如果不成功，你如何将它做得更好更坚固，并保证只有鸟能吃到里面的鸟食而松鼠不能？

· **分享**。向其他人介绍你的喂鸟器。向他们展示它是如何工作的。询问他们是否有改进建议。

工程： 在喂鸟器里装满鸟食，再将其放到室外。每天观察并记录。基于所记录的信息，讲述关于你的喂鸟器的故事。

防松鼠喂鸟器

问题和讨论

你觉得如果 ＿＿＿＿＿＿＿ 会怎么样？

介绍一下你的喂鸟器。

你的喂鸟器有多高？你是怎么量出来的？

如果你是一只松鼠，你会怎么进入这个喂鸟器？

回到书中的问题

你的喂鸟器能防松鼠进入吗？你有没有测试过？

深度学习

· 除了谷物种子，鸟类还喜欢吃哪些食物？你如何制作一个盛放这类食物的喂鸟器呢？

· 假如你是一只松鼠，想进入这个喂鸟器但却失败了。为了进入这个喂鸟器，你能想出哪些好办法？

· 不同的鸟类分别居住在什么样的鸟笼里？为某种特定的鸟类设计一个鸟笼。

其他可以参考的书籍

Nuts to You! / Lois Ehlert

The Secret Life of Squirrels / Nancy Rose

The Tale of Squirrel Nutkin / Beatrix Potter

乐队喧腾

灵感源自《奥利维亚乐队》（*Olivia Forms a Band*）

乐队喧腾

问 题

当奥利维亚(Olivia)得知今年的烟火秀没有乐队表演的时候，她决定演奏自己的音乐。奥利维亚用汤锅、平底锅、弟弟的玩具、爸爸的背带组建了一个自己的乐队。

你有没有见过单人乐队？你觉得奥利维亚独自一人组建乐队的想法如何？

材 料

- [ ] 可重复使用的材料，如纸盘、塑料杯、纸板、纸盒、煎锅、罐头、塑料鸡蛋、筷子、橡皮泥、线、橡胶
- [ ] 连接类材料，如胶带、胶水、低温胶枪、铁丝、管道清洁器、图钉
- [ ] 工具类材料，如卷尺、剪刀、画笔
- [ ] 装饰类材料，如颜料、羽毛、泡沫、闪光片、珠子、贴纸
- [ ] 乐器
- [ ] 纸、马克笔、蜡笔或铅笔

材料操作

敲、撞、弹各种材料，并尝试将这些材料组合起来，研究它们能发出的各种声音。

仔细研究乐器，看看它们的发声原理是什么？有哪些方式可以让它们发出声音来（摇晃、击打、吹奏、弹奏、敲击）。怎样才能发出高／低、响亮／轻柔、快节奏／慢节奏的声音？拜访一个音乐人，让他向你展示他的乐器是如何工作的。

STEM 概念

空气／力／测量／数概念／模式／物质属性／科学探究／声音／结构工程／振动／风

乐队喧腾

设计挑战

制 作： 设计制作乐器与发声器。

工 程： 制作一件乐器，可以用两种以上的方法发出声音，并且要让1米以外
的人都能听到声音。

图片来源：© NAEYC .

完成设计挑战

· **思考**。仔细观察乐器并思考它是如何发声的。观察不同乐器的形状、尺寸与材质。你会用什么材料来制作乐器？它如何发声？将你的想法画成草图。

工程：你如何制作可以发出两种以上声音的乐器，并让它的声音能被1米以外的人听到。

· **制作**。制作你的乐器。

· **测试**。你的乐器能使用吗？如何让它发出更大的声音？

工程：1米以外还能听到你的乐器发出的声音吗？如何让声音更响亮？

· **改进**。如果你的乐器没有制作成功，如何调整、改善它？

工程：为了让你的乐器更完善，如何改进它？

· **分享**。向别人展示你的乐器，邀请他们用它演奏。询问他们改进的建议。

工程：请一个人站在1米以外的地方。然后你用你的乐器进行演奏，请他描述听到的声音。他能猜出来这个声音是怎么发出来的吗？

乐队喧腾

问题和讨论

你觉得如果 ＿＿＿＿＿ 会怎么样？

什么因素导致声音变大？

你可以利用你身体的不同部位来发出声音吗？

回到书中的问题

你的乐器和奥利维亚制作的乐器相比如何？

深度学习

· 制作一件低音乐器和一件高音乐器。

· 用照相机记录你制作乐器的步骤，利用这些照片，撰写一本关于你的乐器的书。

· 和你的同学一起用不同乐器组建一支乐队。你们一起演奏时，如何保证声音保持优美和谐？

· 不懂如何利用，将日常物品（如香蕉）变成乐器。

其他可以参考的书籍

Ah，Music! / Aliki

Max Found Two Sticks / Brian Pinkney

Tito Puente：Mambo King/Rey del Mambo / Monica Brown，Rafael López

坚固的鸟巢

灵感源自《妈妈做了一个小窝》
（*Mama Built a Little Nest*）

坚固的鸟巢

问 题

大自然中有各种各样尺寸和形状的鸟巢。它们可能建在树上、水边、海滩上，或建在雪中。鸟儿能用自己周围的任何东西建造鸟巢，因而鸟巢可能是任意材料做成的。鸟巢要足够坚固，从而保证孵化过程中蛋和幼鸟的安全。

书中鸟巢有什么不一样吗？不一样的鸟巢是如何满足鸟儿的生活环境和需求的？

你有没有见过鸟巢？它是用什么材料建造的？建在什么地方？

材 料

☐ 可重复使用的材料，如碎纸、绳子和棉线、牙签以及管道清洁器

☐ 连接类材料，如铁丝、胶水、浆糊

☐ 工具类材料，如剪刀、钳子

☐ 自然类材料，如树叶、草、泥巴、树枝

☐ 玩具鸟和塑料蛋

☐ 纸、马克笔、蜡笔或铅笔

☐ 用来观察的真实鸟巢（可选）

材料操作

收集多种材料并进行研究。你发现什么了？你觉得这些材料可以做什么东西？你觉得如果鸟儿得到这些材料，它们会用来做什么？找出一种组合材料的方法。还有其他方法吗？

STEM 概念

动物习性 / 气候 / 环境 / 测量 / 数概念 / 物质属性 / 科学探究 / 结构工程

坚固的鸟巢

设计挑战

制 作： 建造一个坚固的鸟巢。

工 程： 建造一个结实的，能尽可能承受一定重量的鸟巢，如 3 个塑料鸟蛋和 1 只玩具鸟的重量。将玩具鸟和鸟蛋放在鸟巢里时，要保证鸟巢不会从树枝上掉落。

图片来源：Cate Heroman .

完成设计挑战

· **思考**。到窗外或户外走一走，去观察鸟类。仔细观察教室里的鸟巢，或书上的鸟巢图片。鸟类用哪些材料建造鸟巢？你觉得它们是从哪里找到这些材料的？你打算用什么材料建造自己的鸟巢？将你的想法画成草图。

工程： 观察某种鸟类的图片，想一想它生活的环境是什么样的，它需要什么样的栖息环境。根据可用的材料，计划建造你自己的鸟巢。你将如何建造你的鸟巢，并保证它足够结实以容纳鸟和鸟蛋？

· **制作**。选择材料建造鸟巢，确保它的足够结实稳固。

· **测试**。将鸟巢放置在一个坚固的平面上，设法使它保持平衡。

工程： 把鸟巢固定在树枝上，并保证它的平衡。最多可以往里面放多少个塑料鸟蛋？当你把玩具鸟也放进去后会发生什么？

· **改进**。你的鸟巢能保持不散架吗？如果不能，如何使它更结实？

工程： 在你的鸟巢中放入 3 个塑料鸟蛋和 1 只玩具鸟后，它仍能稳定地固定在树枝上吗？如果不能，你该如何改进它，使它更为结实和稳固呢？

· **分享**。撰写或口述一个关于可能会居住在你的鸟巢中的鸟儿的故事。

工程： 向别人介绍你为什么使用这种方法建造鸟巢。告诉他们哪些鸟类可能会建造这种鸟巢，并解释原因。

坚固的鸟巢

问题和讨论

你觉得如果 _____ 会发生什么？

为什么你的鸟巢散架了？

你想用胶水或胶带把鸟巢粘在一起吗？为什么想或为什么不想？有没有其他的方法可以把鸟巢粘在一起？

你打算如何改进你的设计，以便 _____？

回到书中的问题

你觉得你建造的鸟巢跟《妈妈做了一个小窝》里面的鸟巢比较怎么样？你觉得幼鸟们会喜欢你建的巢吗？为什么喜欢？为什么不喜欢？

深度学习：

- 鸟类不像你一样有手可以筑巢，那它们是怎么使用筑巢材料的呢？尝试像鸟一样筑巢。

- 尝试将你收集的物品编织在一起。

- 如果碰到刮风下雨，你的鸟巢还能完好无损，并且稳固地待在树枝上吗？你如何使它足够结实，不畏风雨？

其他可以参考的书籍

Are You My Mother? / P.D. Eastman

The Best Nest / P.D. Eastman

Have You Heard the Nesting Bird? / Rita Gray，Kenard Pak

能量塔

灵感源自《长发公主》（*Rapunzel*）

能量塔

问 题

长发公主是一位有着一头金色长发的美丽姑娘。她被囚禁在一座塔里，这座塔没有楼梯也没有门。但是访客可以顺着她的头发爬到塔顶。

有什么方法可以让人们不通过长发公主的头发就能将自己和物品一起送到塔顶呢？

材 料

- ☐ 可重复使用的材料，如橡胶条、纺线、手工棒、纸盘、纸杯、纸巾卷、管道清洁器、木签、空线卷

- ☐ 连接类材料，如胶带、胶水、图钉、衣物别针、纸板连接器、铁丝、回形别针、麻绳、尼龙搭扣

- ☐ 工具类材料，如剪刀、滑轮、卷尺、儿童安全纸板切割刀、低温胶枪、直尺

- ☐ 建构材料，如木块、纸盒、薯片罐、燕麦盒

- ☐ 纸、马克笔、蜡笔或铅笔

安全提示：切割纸板时需要成人辅助。

材料操作

观察材料，思考如何不用手提或搬运物体，就可以将一个物体从一处搬运到另外一处。

将滑轮装在旗杆上进行探索。效果如何？将一个东西放在篮子里或桶里，试着用滑轮将篮子往上或往下吊运。

STEM 概念

平衡 / 工程设计 / 几何形状 / 重力 / 测量 / 科学探究 / 稳定性

能量塔

设计挑战

制作： 用任意材料制作一个物品，不用手碰到它就可以将它从一个地方移动到另一个地方。

工程： 每次有人来看望长发公主或给她送物品，都要通过她的长发爬到塔顶。对此，长发公主觉得很疲倦。制作一个可以装物品的篮子，并且可以通过滑轮将它送到塔顶。

图片来源：Cate Heroman .

完成设计挑战

· **思考**。观察材料，你可以用哪些材料将物品从一处运到另一处？讲一讲你的想法或将你的想法画成草图。

工程： 研究你看到过的滑轮，了解它是如何工作的。如果你自己制作一个滑轮，需要哪些材料？如果要将物品运送至塔顶，需要什么样的容器来装这些物品？

· **制作**。制作一种不需要你动手碰触就可以移动物品的东西。

工程： 需要多少根绳子？如何确保这个系统足够结实，能搬运物品？你用什么材料来制作滑轮？你打算制作几个滑轮？

· **测试**。你能用你的发明搬运物品，同时保证你的手不接触被搬运的物品吗？

工程： 往容器里添加重物，看看它最终能承受多少重量？

· **改进**。你的发明成功了吗？如何调整使它更完善呢？

工程： 如何调整可以使它承受更多重量？

· **分享**。跟他人分享你的作品。告诉他们你在创作过程中用到的工具和材料。询问他们有何改进建议。

工程： 在你建造滑轮系统的过程中，用照片记录下各个步骤，用这些照片制作幻灯片或数码相册，动态地展示你的滑轮系统。

能量塔

问题和讨论

你觉得如果 ＿＿＿＿＿＿＿＿ 会发生什么？

说说你是如何建造这个滑轮系统的？

当你往下拉滑轮的绳线时，篮子却上升了，为什么？

建造滑轮系统的过程中，最具挑战的部分是什么？

回到书中的问题

你的滑轮系统够不够结实？能否用来将王子运送到塔顶跟长发公主见面？

深度学习

- 如何在你的系统中使用两个滑轮？

- 建一座高度是原来两倍的高塔。你的滑轮系统如果要用在这座新塔上，你需要如何调整呢？

- 你能用玩具马达来驱动滑轮系统吗？

其他可以参考的书籍

Gustave Eiffel's Spectacular Idea: The Eiffel Tower / Sharon Katz Cooper，Janna Bock

Pull, Lift, and Lower: A Book About Pulleys / Michael Dahl，Denise Shea

The Tree House That Jack Built / Bonnie Verburg，Mark Teague

泡泡的麻烦

灵感源自《泡沫危机》(*Bubble Trouble*)

泡泡的麻烦

问 题

玛贝尔（Mabel）吹了一个很大的泡泡，他的弟弟不幸被泡泡包裹在里面了。泡泡带着弟弟飞向高空，玛贝尔、妈妈以及整个小镇的人拼命追赶也无济于事。

如何将弟弟平安救下来？

这个麻烦是如何产生的？玛贝尔用的是什么泡泡棒？你能做一个吹泡泡用的泡泡棒吗？

材 料

☐ 可重复使用的材料，如管道清洁器、吸管、线、铁丝、浆果篮、纸杯、珠子、吸管（吸管用来吸取定量液体）

☐ 连接类材料，如胶带

☐ 泡泡配方水（2/3 杯洗洁精、3.78 升水、2-3 勺甘油）

☐ 放泡泡水的容器，如托盘或小桶

☐ 电风扇

☐ 纸、马克笔、蜡笔或铅笔

材料操作

尝试用这几种材料吹泡泡。你注意到了什么？用风扇吹泡泡会发生什么？

STEM 概念

化学 / 设计工程 / 弹性 / 力 / 几何 / 光 / 测量 / 液体属性 / 科学探究 / 空间关系 / 表面张力 / 拉伸力 / 风

泡泡的麻烦

设计挑战

制 作： 制作一根泡泡棒。

工 程： 制作各种形状的泡泡棒，如金字塔、立方体、棱柱、圆柱形状。

图片来源：Cate Heroman .

完成设计挑战

· **思考**。研究材料，思考你将如何制作自己的泡泡棒？你打算用单一的材料还是用各种材料进行组合？将你的想法画成草图。

工程： 你打算将泡泡棒做成什么形状？想想有哪些形状，如罐子、盒子或金字塔形状的东西。你如何将泡泡棒做成类似的形状？

· **制作**。用材料制作你的泡泡棒。

工程： 观察一个物品，如盒子或罐子，看看它有多少条边，多少个角。

· **测试**。用泡泡水测试你的泡泡棒。

工程： 缓慢将你的泡泡棒浸入泡泡水的桶里，再轻轻地拿出来。先不要吹泡泡棒。你看到了什么形状的泡泡？轻轻摇一摇泡泡棒，泡泡的形状有什么变化吗？再轻轻地吹泡泡棒，发生了什么？

· **改进**。你的泡泡棒好用吗？如何改进它？

工程： 泡泡吹出来之后是什么形状？泡泡在泡泡棒上的时候是什么形状？你需要做出哪些调整来改进这些形状？

· **分享**。邀请别人试玩你的泡泡棒，他们有什么改进建议吗？

工程： 用你制作的不同形状的泡泡棒吹些泡泡，并且拍摄一些关于泡泡的视频或照片。向别人介绍和解释你是怎么吹出这些泡泡的。

泡泡的麻烦

问题和讨论

我想知道如果 _____ 会发生什么？

泡泡棒的形状是如何改变泡泡形状的？

我想知道是什么形成了泡泡。

你可以对如何调整的设计做何种改变，以便它 _____ ？

当一个泡泡悬浮在空中不与任何物体接触时，它是什么形状的？

回到书中的问题

为了将宝宝从泡泡中救下来，人们还可以做些什么？

你有没有被困在某处的经历？你是怎么逃脱的？其间有人帮助你吗？你用了什么工具？

你觉得多大的泡泡可以困住一个小宝宝？我们可以用什么方法得到答案？

如果一个泡泡飘走了，你觉得它最终会去哪里？你能把它弄下来吗？

深度学习

- 用不同的材料制作几根泡泡棒，并比较一下各自的效果。泡泡有变化吗？不同的材料对泡泡有什么影响？哪种材料制作的泡泡棒能吹出更大的泡泡或更牢固的泡泡？为什么？还有什么因素会对泡泡产生影响？

- 制作一个可以同时吹出多个泡泡的泡泡棒。

- 试验不同配方的泡泡水。什么样的配方可以让泡泡更加牢固不破？关于配方你还有别的发现吗？如何让泡泡呈现不同的颜色？

- 制作一个可吹出比你的头还要大的泡泡的泡泡机。你需要哪些材料呢？

- 设计制作一个与泡泡棒不同的泡泡机。

其他可以参考的书籍

Bubble Bubble / Mercer Mayer

The Bubble Factory / Tomie dePaola

Chavela and the Magic Bubble / Monica Brown，Magaly Morales

梦幻汽车

灵感源自《如果让我制作汽车》(*If I Built a Car*)

梦幻汽车

问 题

当杰克（Jack）坐在家里的汽车后座上时，他跟爸爸描述了他想制作的梦幻汽车的模样。这辆汽车里面要有一个小吃店，它可以在水下行驶，可以自动驾驶，可以飞，还有其他许多神奇的功能。

杰克为什么想自己制作一辆汽车？他的车是否既时髦又安全？你是否幻想过拥有一辆汽车，或自行车，或其他酷炫的东西？描述一下。

材 料

☐ 可重复使用的材料，如塑料瓶、瓶盖、纸巾卷、纸板、盒子、纸盘、锡纸盘、橡胶带、气球、吸管、手工棒

☐ 连接类材料，如胶带、胶水、纸板连接器、图钉

☐ 工具类材料，如卷尺、直尺、画笔、儿童螺丝刀与锤子

☐ 各种汽车的图片

☐ 旧汽车的零件，如反光镜、轮毂、小马达、安全带、收音机

☐ 可拆卸的玩具汽车

☐ 装饰类材料，如颜料、泡沫、闪光片、羽毛、玻璃珠

☐ 纸、马克笔、蜡笔或铅笔

材料操作

研究旧汽车的零件，用小螺丝刀将它拆解，然后再组装回去。你有没有什么发现？

将旧玩具车拆解，研究它是如何工作的。

STEM 概念

几何 / 测量 / 机械工程 / 数概念 / 科学探究 / 简单机械 / 速率 / 结构工程

梦幻汽车

设计挑战

制 作： 制造一辆可以做一些很特别的事情的汽车。

工 程： 制造一辆具有两种独特功能的特色汽车，并且能自主移动 1 米以上的距离。

图片来源：© iStock.

完成设计挑战

· **思考**。观察不同汽车的图片。汽车都由哪些部分组成？如何让你的汽车包含所有的部分？你希望你的汽车有什么特殊的功能？将你的想法画成草图，说说你打算如何实现它们。

工程： 你用什么方法使汽车可以自主运动？考虑一下它应当具备的多项功能。你想添加一项或多项特殊功能吗？你的车可以像杰克的车一样在陆地、空中（甚至是太空）或水下行驶吗？

· **制作**。收集材料来建造汽车。

工程： 如何让汽车自主运动？

· **测试**。测试你的汽车以及它的特色功能。

工程： 你的汽车是否具备所有你想要的功能？它能自主运动吗？它能跑多远？速度有多快？

· **改进**。哪些功能实现了，哪些没有实现？你可以将车改造得更好吗？

工程： 如何让你的车跑得更快更远？

· **分享**。跟别人介绍你的汽车以及制作的过程。询问他们有无改进建议。创作一首简单的歌曲来描述汽车的特色，就像《如果让我制作汽车》一样。

工程： 编写一本用户指南，介绍如何操作你的汽车。

梦幻汽车

问题和讨论

当你设计汽车的时候，你想了些什么？

你的车在不同的平面上移动，有何不同？

你可以用哪种工具来_____？

我可以在你的车里播放音乐吗？怎么实现呢？

回到书中的问题

杰克的梦幻汽车有好多很棒的功能。有哪些功能是可以实现的？很久以前，汽车还不存在；人们需要想象他们想要的汽车的模样和功能，然后再想出制造汽车的方法。你觉得你的汽车构想可能会被设计和制造出来吗？

深度学习

- 想象一个具有超能力或特征的角色。设计一辆可以帮他发挥这种超能力的车。这种车应该是什么样子，会有什么功能？将它画出来，然后制造出来。

- 设计制造一部用电池和马达驱动的车。它可以跑多远？你还需要哪些材料？

其他可以参考的书籍

Cars: Rushing！Honking！Zooming！ / Patricia Hubbell，Megan Halsey and Sean Addy

My Littie Car / Gary Soto，Pam Paparone

Otto: The Boy Who Loved Cars / Kara LaReau，Scoot Magoon

随风漫步

灵感源自《风儿吹》（*The Wind Blew*）

随风漫步

问 题

当风把雨伞、风筝、假发或其他物品吹到海里时，将会引起许多麻烦。

你的帽子有没有被风吹落过？你觉得风为什么会这么有力呢？

材 料

- ☐ 可重复使用的材料，如塑料杯、纸巾卷、工艺纸、纸板、木料、木制线轴、软木
- ☐ 连接类材料，如胶带、胶水、管道清洁器、线
- ☐ 乒乓球、泡沫以及其他重量轻、可被吹动的材料
- ☐ 吸管
- ☐ 煮蛋计时器
- ☐ 纸、马克笔、蜡笔或铅笔

材料操作

用吸管吹气推动乒乓球、泡沫或其他轻的物体。哪种物体最容易被吸管吹走？

STEM 概念

空气 / 设计工程 / 力 / 摩擦力 / 几何 / 重力 / 测量 / 动力 / 运动 / 科学探究 / 风

随风漫步

设计挑战

制 作： 用吸管吹乒乓球使它移动。

工 程： 在桌面上放置障碍物，建造一个迷宫。用吸管吹着乒乓球通过迷宫。

完成设计挑战

· **思考。** 你觉得乒乓球在哪种表面（地毯、桌面、砖瓦表面）跑得会快一点？将你的想法画成草图。

工程： 观察你的材料，你打算如何建造迷宫？

· **制作。** 搭建出乒乓球要移动经过的区域。

工程： 在桌面上搭建一个迷宫。

· **测试。** 通过吸管吹气来移动乒乓球。

工程： 用一个吸管吹动乒乓球，让其通过迷宫。在此过程中手不能触碰到球。

· **改进。** 你能移动乒乓球吗？如果不能，你需要什么别的东西能使之移动？

工程： 你能让乒乓球通过迷宫吗？你能让它运动得更快吗？或使任务更具挑战吗？

· **分享。** 邀请其他人用吸管吹气的方法在同一个表面移动乒乓球。他的经验和你一样吗？为什么？

工程： 跟别人分享你建造的迷宫，并邀请他们试玩。问问他们有没有别的方法可以使球快速穿过迷宫。发起挑战，比一比谁能最快地让乒乓球穿过迷宫。

随风漫步

问题和讨论

还可以使用哪些障碍物建造迷宫？

你认为要移动乒乓球并通过迷宫，需要多少秒？

要把乒乓球更快地移动出迷宫，你觉得可以怎么做？

回到书中的问题

你能否像《风儿吹》一文作者描述的那样，用吸管吹动物品？

为什么？

深度学习

· 用不同粗细和不同长短的吸管吹动乒乓球，哪种更容易些？

· 你可以将乒乓球吹多远？每次移动的距离都一样吗？把乒乓球每次移动的距离制成图表。

· 用吸管吹动乒乓球后，让球保持运动容易还是让它停下来更容易？

其他可以参考的书籍

The Boy Who Harnessed the Wind: Picture Book Edition / William Kamkwamda and Bryan Mealer，Elizabeth Zunon

Flora's Very Windy Day / Jeanne Birdsall，Matt Phelan

I Face the Wind / Vicki Cobb，Julia Gorton

毛线魔法

灵感源自《附加纱线》（*Extra Yarn*）

毛线魔法

问 题

安娜贝尔（Annabelle）捡到一盒毛线，她用这盒毛线为镇上所有人都织了件毛衣。她还给树、房子，甚至汽车等各种东西织了毛衣。她的毛线怎么也用不完。当安娜贝尔看到一堆木棍时，她开始思考她还能创造出哪些东西。

如果你想用毛线来包裹覆盖某些东西，它是什么样的呢？

材 料

- ☐ 自然类材料，如木棍、松果、树叶、花、大小枝条
- ☐ 连接类材料，如胶水和胶带
- ☐ 工具类材料，如剪刀、钝头针、塑料画布、卷尺
- ☐ 不同颜色、材质和长度的毛线
- ☐ 装饰类材料，如织物马克笔、泡沫、羽毛、亮片、珠子和塑料眼睛
- ☐ 可以拆解的旧婴儿吊铃
- ☐ 纸、马克笔、蜡笔或铅笔

材料操作

感受毛线的不同质地并观察木棍。你能用这些材料做什么东西？你如何将这些东西组合在一起？你想选用哪款毛线来包裹木棍？

将旧的婴儿吊铃拆开，观察它是怎样组装起来的。它能发声吗？如果能，它是如何发声的？各个部件是怎么悬挂在吊铃上的？

STEM 概念

空气流动 / 平衡 / 几何 / 重力 / 测量 / 科学探究 / 结构工程 / 对称 / 风

毛线魔法

设计挑战

制 作： 用毛线缠绕木棍，制作一根魔法棒。

工 程： 用上面制作的魔法棒和一些天然材料制作一个吊铃。

完成设计挑战

· **思考**。观察木棍和毛线，选择你想使用的材料。你需要多少毛线来包裹木棍？将你的想法画成草图。

工程： 你的吊铃需要几根木棒？你总共需要多少毛线？你如何使你的吊铃保持平衡？你打算把吊铃挂在何处，怎么挂？

· **制作**。收集材料，制作毛线棒。包裹木棍所用的毛线量跟你的预测相符吗？

工程： 最终需要的毛线棒的数量跟你预测的相符吗？

· **测试**。测定你的魔法棒的用途。

工程： 测试一下你的吊铃，它能保持平衡吗？

· **改进**。如何改进你的魔法棒？

工程： 如果你的吊铃无法保持平衡，你如何改动它，以帮助它平衡？你还可以在吊铃上添加哪些天然材料？记得需要始终保持吊铃的平衡哟！

· **分享**。跟别人说说你是怎么制作魔法棒的。

工程： 跟别人说说你制作吊铃过程中遇到了哪些挑战，你是怎么解决的。询问如果他们来制作吊铃，他们会使用什么不一样的方法或选择哪些不同的材料。

毛线魔法

问题和讨论

我想知道，要将木棍包裹起来，需要多少毛线？

我想知道，如果 _____ 会发生什么？

如果吊铃的一边比另外一边低，你将如何调整使它保持平衡？

回到书中的问题

还可以用毛线包裹哪些东西？

如果你的魔法棒真的有用，你想用它来做什么事情？

深度学习

- 量一量包裹木棍所用的毛线的长度。你认为包裹一块积木需要多少毛线，包裹一本书或一支画笔又需要多少呢？

- 用长度相同的木棍制作吊铃，要保持吊铃上木棍的平衡是否容易？用不同长度和宽度的木棍重新制作一个吊铃，它更容易保持平衡还是更难保持平衡？

- 尝试不同的方法使用毛线，如编织、钩编、针织或刺绣。

- 艺术吊铃是一种动态雕塑，是一种在风、马达或人力等外力作用下随之运动的工艺品。研究一下其他形式的动态雕塑，并尝试创作一件。

其他可以参考的书籍

Just How Long Can a Long String Be？！ / Keith Baker

Noodle's Knitting / Shery Webster，Caroline Pedler

The Very Busy Spider / Eric Carle

启发孩子们操作、制作和参与工程

如你所见，这本书的内容并非为你和孩子们详细指导每一步骤。每个挑战仅仅是一个起点，希望能启迪孩子们进行操作、制作和参与工程设计的热情。每个挑战的设计都是针对儿童的兴趣、需求以及你希望教给孩子的能力而进行量身定制的。当你在教室里实施这些活动时，孩子们会积极地探索、提问并发挥想象力以解决问题。看看孩子们真正开始了解周围的世界，观察各类设计工具如何工作，以及学习如何使世界变得更好，这不仅是鼓舞人心的，而且是至关重要的。我们不知道未来孩子们会遇到什么样的问题，但是通过这些体验，他们所获得的知识、技能和性格，将会帮助他们在未来成为有能力及有自信的问题解决者。

附　录

设计挑战计划模板

此模板可作为创作设计挑战的计划工具，以促进孩子们在操作、制作和工程活动中积极参与。

在一本绘本中找到需要解决问题的人物。

案例参考： 三只比利山羊

_____

_____

_____

_____

你觉得孩子们需要哪些材料来解决问题？

案例参考： 手工棒、吸管、牙签、印刷用纸、报纸、干草、黏土、回形针、胶带、剪刀、胶水、卷尺、天平

_____

_____

_____

故事中的人物面临什么问题？

案例参考： 三只比利山羊想去山的那一边吃草。但是他们需要通过一座桥才能到那边去，而桥下住着一只卑鄙、丑陋的老巨魔。

_____

_____

如何鼓励孩子们使用材料动手操作？

案例参考： 用手工棒、牙签、干草、印刷用纸、报纸卷或黏土搭建一座桥。如何将这些材料组织在一起？哪些材料看起来更结实一些？

_____

_____

_____

对孩子们的挑战是什么？

案例参考：

制作： 搭建一座能站稳的桥，帮助山羊通过，从而躲避巨魔。

工程： 搭建一座能躲避巨魔的桥，且桥的长度至少25

厘米，并能承受至少 3 千克的重量。

_____

_____

用以下具体的步骤来重述你所选择的书籍，并反映需要解决的问题。更多信息，请参照第 1-19 页中"关于动手操作、制作和工程活动，你需要知道什么？"的内容。

第一步： 思考。在实施计划之前应当将想法绘成图纸。

_____

_____

第二步： 制作。用材料建造或创造解决问题的方案。

_____

_____

第三步： 测试。你将如何测试你的想法？它能如你所愿地成功吗？

_____

_____

第四步： 改进。你将如何做或调整，使之得以完善。

_____

第五步： 分享。向别人展示你的作品，并解释其工作原理。询问他们将如何解决问题。认真听取他人的建议。

_____

_____

你将提出哪些问题或建议来支持孩子们的想法？

_____

_____

有何额外的挑战能帮助孩子们对问题进行深度学习？

_____

_____

该挑战涉及到哪些 STEM 概念？

_____

_____

设计挑战相关书籍和材料

设计挑战	推荐书籍 *	其他材料（除可重复使用、连接类及工具类外）
小熊的椅子	Goldilocks and the Three Bears A Chair for Baby Bear A Chair for My Mother Peter's Chair	坏掉的玩具或其他小电器 天平与 3 千克重的砝码
漂亮的建筑	Iggy Peck, Architect Dreaming Up: A Celebration of Building First Shapes in Buildings How a House Is Built	高大建筑物的照片 100 个 1 角（硬币）
垒起来	Not a Box A Box Story Clancy and Millie and the Very Fine House What to Do With a Box	装饰类材料
虫虫之城	Roberto: The Insect Architect The Best Book of Bugs A House Is a House for Me Insects and Spiders	建构类玩具 关于昆虫的科普书籍或视频 绘图纸 玩具昆虫 250 克重的砝码
搭建桥梁	The Three Billy Goats Gruff Pop's Bridge This Bridge Will Not Be Gray Twenty-One Elephants and Still Standing	桥的照片 天平与 3 个 3 千克重的砝码

* 此处仅列了书名，具体信息详见附录的"书单"。——译者注

· 从"倒腾"开始的幼儿 STEM 教育 ·

设计挑战	推荐书籍	其他材料（除可重复使用、连接类及工具类外）
疯狂的抛石机	Olympig Explore Simple Machines! With 25 Great Projects The Knight and the Dragon Simon and Catapult Man's Perilous Playground Adventure	重量较轻的小物品（泡沫、棉花球等），抛石机的照片
小船浮起来	Who Sank the Boat? The Gingerbread Boy Mr. Gumpy's Outing Toy Boat	硬币、包装用泡沫球、瓶盖或其他砝码、大的盛水容器
多种多样的 小发明	Rosie Revere, Engineer Papa's Mechanical Fish Violet the Pilot What Do You Do With an Idea?	日常用品（背包、牙刷、存钱罐等） 可以拆卸的有活动部件的玩具
帮忙! 它卡住了	Stuck Bubble Gum, Bubble Gum My Truck Is Stuck! Tikki Tikki Tembo	用来悬挂的小而轻的物品 带有剪刀式联动装置的物品的照片或实物
三只小猪的 房子	The Three Little Pigs The Three Horrid Little Pigs The Three Little Pigs: An Architectural Tale The True Story of the 3 Little Pigs!	建构玩具（乐高积木、木质积木或小建筑木板等） 风扇或其他造风设备

设计挑战	推荐书籍	其他材料（除可重复使用、连接类及工具类外）
鞋子是否合适	The Elves and the Shoemaker Pete the Cat: I Love My White Shoes Shoes for Me! Shoes, Shoes, Shoes	各种旧鞋子 装饰类材料 切开的旧运动鞋，可看见各个层次（可选）
榨果汁	Caterina and the Lemonade Stand Lemonade for Sale Lemonade in Winter: A Book About Two Kids Counting Money Once Upon a Company: A True Story	榨汁机配件和可密封的三明治袋 厨房用品（杯子、碗、量匙） 水果
像动物一样移动	Fraidyzoo Put Me in the Zoo A Sick Day for Amos McGee What If You Had!? (series)	装饰类材料 动物的绘本、照片或视频
纸飞机	The Great Paper Caper Float Kids' Paper Airplane Book Whoosh! Easy Paper Airplanes for Kids: 　　Color, Fold, and Fly!	用作砝码的回形针或图钉
宠物提篮	A Home for Dixie: The True Story of a Rescued 　　Puppy Before You Were Mine A Home for Dakota Yoda: The Story of a Cat and His Kittens	天平和一个 3 千克重的砝码 玩具宠物、毯子、宠物饮水碗

· 从"倒腾"开始的幼儿 STEM 教育 ·

设计挑战	推荐书籍	其他材料（除可重复使用、连接类及工具类外）
重新发明	The Most Magnificent Thing Awesome Dawson The Branch Choose to Reuse	可以拆解的旧玩具（玩具车、玩具收银机等）
过山车	Roller Coaster Curious George Roller Coaster Harriet and the Roller Coaster The Roller Coaster Kid	小球或大理石球 秒表
防松鼠喂鸟器	Those Darn Squirrels Nuts to You! The Secret Life of Squirrels The Tale of Squirrel Nutkin	装饰类材料
乐队喧腾	Olivia Forms a Band Ah, Music! Max Found Two Sticks Tito Puente: Mambo King/Rey del Mambo	装饰类材料 乐器
坚固的鸟巢	Mama Built a Little Nest Are You My Mother? The Best Nest Have You Heard the Nesting Bird?	自然界的材料（树枝、树叶等） 玩具鸟和塑料鸟蛋 鸟巢（可选）

设计挑战	推荐书籍	其他材料（除可重复使用、连接类及工具类外）
能量塔	Rapunzel Gustave Eiffel's Spectacular Idea: The Eiffel Tower Pull, Lift, and Lower: A Book About Pulleys The Tree House That Jack Built	建构材料（木块、纸盒、薯片罐子等）
泡泡的麻烦	Bubble Trouble Bubble Bubble The Bubble Factory Chavela and the Magic Bubble	泡泡水（洗碗剂、水、甘油） 托盘与水桶 风扇
梦幻汽车	If I Built a Car Cars: Rushing! Honking! Zooming! My Little Car Otto: The Boy Who Loved Cars	各种汽车的图片 汽车旧零件（反光镜、轮毂等） 用来拆解的玩具汽车 装饰类材料
随风漫步	The Wind Blew The Boy Who Harnessed the Wind: Picture Book Edition Flora's Very Windy Day I Face the Wind	乒乓球和泡沫 吸管 煮蛋计时器
毛线魔法	Extra Yarn Just How Long Can a Long String Be?! Noodle's Knitting The Very Busy Spider	装饰类材料 自然类材料（树枝、松塔、树叶等） 毛线 用来拆解的玩具手机

· 从"倒腾"开始的幼儿 STEM 教育 ·

书 单 *

Ah, Music! 2003. Aliki. New York: HarperCollins.

Are You My Mother? 1960. P.D.Eastman. New York: Beginner Books.

Awesome Dawson. 2013. C. Gall. New York: Little,Brown and Company.

Before You Were Mine. 2007. M. Boelts. lllus.D.Walker. New York: G.P. Putnam's Sons.

The Best Book of Bugs. 1998. C. Llewellyn. lllus. C. Forsey, A. R. di Gaudesi, &D. Wright. New York: Kingfisher.

The Best Nest. 1968. P.D.Eastman. New York: Beginner Books.

A Box Story. 2012. K.K.Lamug. Las Vegas: RabbleBox.

The Boy Who Harnessed the Wind:Picture Book Edition. 2012. W. Kamkwamba & B.Mealer. Illus. E. Zunon. New York: Dial Books for Young Readers.

The Branch. 2016. M.Messier. lllus. P.Pratt. Toronto: Kids Can Press.

Bubble Bubble. 1973. M.Mayer. New York: Parents Magazine Press.

The Bubble Factory. 1996. T. dePaola. New York: Grosset & Dunlap.

Bubble Gum, Bubble Gum. 2004. L.Wheeler. lllus.L.Huliska-Beith. New York: Little, Brown and Company.

Bubble Trouble. 2008. M.Mahy. lllus. P. Dunbar. London: Frances Lincoln Limited Publishers.

Cars: Rushing! Honking! Zooming! 2006. P.Hubbell. lllus. M. Halsey& S. Addy. Tarrytown,NY: Marshall Cavendish Children.

Caterina and the Lemonade Stand. 2014. E.E.Kono. New York: Dial Books for Young Readers.

A Chair for Baby Bear. 2004. K.Umansky. lllus. C. Fisher. New York: Oxford University Press.

A Chair for My Mother. 1982. V.B. Williams. New York: Greenwillow Books.

Chavela and the Magic Bubble. 2010. M.Brown. Illus. M. Morales. New York: Clarion Books.

Choose to Reuse. 2011. L.Bullard. lllus. W. Thomas. Minneapolis: Millbrook Press.

Clancy and Millie and the Very Fine House. 2009. L.Gleeson. lllus.F. Blackwood. Sydney: Little Hare Books.

Curious George Roller Coaster. 2007. H.A. Rey & M. Perez. New York: Houghton Mifflin Company.

Dreaming Up: A Celebration of Building. 1996. C.Hale. New York: Lee & Low Books.

The Elves and the Shoemaker. 2003. J.LaMarche. San Francisco: Chronicle Books.

Explore Simple Machines! With 25 Great Projects. 2011. A.Yasuda. Illus. B. Stone. White River Junction, VT: Nomad Press.

---

* 此书单汇总了本书提及的所有相关书籍，保留了原版书以书名置于最前的格式，便于读者快速检索。——译者注

Extra Yarn. 2012. M.Barnett. lllus. J. Klassen. New York: Balzer & Bray.

First Shapes in Buildings. 2009. P.A. Lane. London: Frances Lincoln Children's Books.

Float. 2015. D. Miyares. New York: Simon& Schuster Books for Young Readers.

Flora's Very Windy Day. 2010. J. Birdsall. lllus. M. Phelan. New York: Clarion Books.

Fraidyzoo. 2013. T. Heder. New York: Abrams Books for Young Readers.

The Gingerbread Boy. 1975. P.Galdone. New York: Seabury Press.

Goldilocks and the Three Bears. 2007. C. Buehner. lllus. M. Buehner. New York: Dial Books for Young Readers.

The Great Paper Caper. 2008. O. Jeffers. New York: Philomel Books.

Gustave Eiffel's Spectacular ldea: The Eiffel Tower. 2016. S.K.Cooper. Illus. J. Bock. Minneapolis: Picture Window Books.

Harriet and the Roller Coaster. 1982. N. Carlson. Minneapolis: Carolrhoda Books.

Have You Heard the Nesting Bird? 2014. R. Gray. lllus. K. Pak. New York: Houghton Mifflin Harcourt.

A Home for Dakota. 2008. J.Z. Grover. Illus. N. Lane. Edina. MN:The Gryphon Press.

A Home for Dixie: The True Story of a Rescued Puppy. 2008. E. Jackson. Photog. B. Carey. New York: Collins.

A House Is a House for Me. 1978. M.A. Hoberman. lllus. B. Fraser. New York: Viking Penguin.

How a House Is Built. 1990. G. Gibbons. New York: Holiday House.

I Face the Wind. 2003. V. Cobb. lllus. J. Gorton. New York: HarperCollins.

If I Built a Car. 2005. C.Van Dusen. New York: Dutton Children's Books.

Iggy Peck, Architect. 2007. A.Beaty. lllus. D. Roberts. New York: Abrams Books for Young Readers.

Insects and Spiders. 2015. B. Rin. lllus. D.Gam. Ed. J.Cowley. Strathfield, NSW, Australia: Big & Small.

Just How Long Can a Long String Be?! 2009. K.Baker.New York: Arthur A. Levine Books.

Kids' Paper Airplane Book. 1996. K. Blackburn & J.Lammers. New York: Workman Publishing Company.

The Knight and the Dragon. 1980. T. dePaola. New York: G.P.Putnam's Sons.

Lemonade for Sale. 1997. S. J. Murphy. Illus. T. Tusa. New York: HarperCollins.

Lemonade in Winter: A Book About Two Kids Counting Money. 2012. E. Jenkins. lllus. G.B.Karas. New York: Schwartz & Wade Books.

Mama Built a Little Nest. 2014. J. Ward. Illus. S. Jenkins. San Diego: Beach Lane Books.

Max Found Two Sticks. 1994. B. Pinkney. New York: Simon & Schuster Books for Young Readers.

The Most Magnificent Thing. 2014. A. Spires. Toronto: Kids Can Press.

Mr. Gumpy's Outing. 1970. J. Burningham. London: Jonathan Cape.

My Little Car. 2006. G. Soto. Illus. P. Paparone. New York: G.P. Putnam's Sons.

My Truck Is Stuck! 2002. K. Lewis. Illus. D. Kirk. New York: Hyperion Books for Children.

Noodle's Knitting. 2010. S. Webster. Illus. C. Pedler. Brattleboro, VT: Good Books.

Not a Box. 2006. A. Portis. New York: HarperCollins Children's Books.

Nuts to You! 1993. L. Ehlert. San Diego: Harcourt, Inc.

Olivia Forms a Band. 2006. I. Falconer. New York: Atheneum Books for Young Readers.

Olympig! 2012. V. Jamieson. New York: Dial Books for Young Readers.

Once Upon a Company...: A True Story. 1998. W.A. Halperin. New York: Orchard Books.

Otto: The Boy Who Loved Cars. 2011. K. LaReau. Illus. S. Magoon. New York: Roaring Brook Press.

Papa's Mechanical Fish. 2013. C. Fleming. Illus. B. Kulikov. New York: Farrar Straus Giroux Books for Young Readers.

Pete the Cat: I Love My White Shoes. 2010. E. Litwin. Illus. J. Dean. New York: HarperCollins Children's Books.

Peter's Chair. 1967. E.J. Keats. New York: Harper& Row.

Pop's Bridge. 2006. E. Bunting. Illus. C.F. Payne. Orlando:Harcourt, Inc.

Pull, Lift, and Lower: A Book About Pulleys. 2006. M. Dahl. Illus. D. Shea. Minneapolis: Picture Window Books.

Put Me in the Zoo. 1960. R. Lopshire. New York: Beginner Books.

Rapunzel. 2010. S. Gibb. New York: HarperCollins Children's Books.

Roberto: The Insect Architect. 2000. N. Laden. San Francisco: Chronicle Books.

Roller Coaster. 2003. M. Frazee. Orlando: Harcourt, Inc.

The Roller Coaster Kid. 2012. M.A. Rodman. Illus. R. Roth. New York: Viking.

Rosie Revere, Engineer. 2013. A. Beaty. Illus. D. Roberts. New York: Abrams Books for Young Readers.

The Secret Life of Squirrels. 2014. N. Rose. New York: Little,Brown and Company.

Shoes for Me! 2011. S. Fliess. Illus. M. Laughead. Tarrytown, NY: Marshall Cavendish Children.

Shoes, Shoes, Shoes. 1995. A. Morris. New York: Lothrop, Lee & Shepard Books.

A Sick Day for Amos McGee. 2010. P. C. Stead. Illus. E. E. Stead. New York:Roaring Brook Press.

Simon and Catapult Man's Perilous Playground Adventure. 2009. N.

Smiley. Illus. B. Jones. Halifax, NS: Nimbus Publishing.

Stuck. 2011. O. Jeffers. New York: Philomel Books.

The Tale of Squirrel Nutkin. 1903. B. Potter. London: Frederick Warne & Co.

This Bridge Will Not Be Gray. 2015. D. Eggers. Illus. T. Nichols. San Francisco: McSweeney's.

Those Darn Squirrels! 2008. A. Rubin. Illus. D. Salmieri. New York: Clarion Books.

The Three Billy Goats Gruff. 1979. P. Galdone. New York: Seabury Press.

The Three Horrid Little Pigs. 2008. L. Pichon. Wilton, CT:Tiger Tales.

The Three Little Pigs. 1970. P. Galdone. New York: Seabury Press.

The Three Little Pigs: An Architectural Tale. 2010. S. Guarnaccia. NewYork: Abrams Books for Young Readers.

Tikki Tikki Tembo. 1968. A. Mosel. Illus. B. Lent. New York: Henry Holt and Company.

Tito Puente: Mambo King/Rey del Mambo. Bilingual ed. 2013. M. Brown. Illus. R. Lopez. New York: Rayo.

Toy Boat. 2007. R.de Sève. Illus. L. Long. New York: Philomel Books.

The Tree House That Jack Built. 2014. B. Verburg. Illus. M. Teague. New York: Orchard Books.

The True Story of the 3 Little Pigs! 1989. J. Scieszka. Illus. L. Smith. New York: Viking Penguin.

Twenty-One Elephants and Still Standing. 2005. A. J. Prince. Illus. F. Roca. Boston: HMH Books for Young Readers.

The Very Busy Spider. 1984. E. Carle. New York: Philomel Books.

Violet the Pilot. 2008. S. Breen. New York: Dial Books for Young Readers.

What Do You Do With an Idea? 2014. K. Yamada. Illus. M. Besom. Seattle: Compendium, Inc.

What If You Had...!?Series. 2012-16. S. Markle. Illus. H. McWilliam. New York: Scholastic.

What to Do With a Box. 2016. J. Yolen. Illus. C. Sheban. Mankato, MN: Creative Editions.

Who Sank the Boat? 1982. P. Allen. Edinburgh: Thomas Nelson.

Whoosh! Easy Paper Airplanes for Kids: Color, Fold, and Fly! 2013. A. Naylor. Illus. K. Schwede. Mineola, NY: Dover Publications.

The Wind Blew. 1974. P. Hutchins. New York: Macmillan Publishing Company.

Yoda: The Story of a Cat and His Kittens. 2014. B. Stern. Illus. D.Crane. New York: Aladdin.

作者简介

　　凯特·海洛曼，美国知名的教育家和作家，致力于帮助儿童成为成功的学习者以及有竞争力的社会人。她的作品包括《早期教育创意课程》（*The Creative Curriculum for Preschool*）以及《教育策略金牌评估》（*Teaching Strategies GOLD*），她的主要研究方向集中在早期教育领域。她曾经从事过早教教师、行政管理人员、培训人员、引领学者、主旨发言人、作家、顾问、课程开发人员等不同角色。她不仅了解儿童应该学习什么，对儿童如何学习也深有理解。

　　凯特目前正在路易斯安那州巴吞鲁日市的敲门儿童博物馆（*Knock Knock Children's Museum*）当志愿者。该博物馆主要服务于0-8岁的儿童，她希望以此方式回馈自己的社区。凯特对博物馆内的手工创意空间的建立发挥了重要作用，并投入大量的时间学习和研究孩子们眼中的操作、制作和工程设计实践。在创客教育领域中，大部分内容依然是针对年龄较大的学生或成人，对早期儿童教育者的实际指导十分有限。这本书原本是为博物馆教育者设计的。然而在实践过程中，凯特发现，学前至小学三年级的教育工作者也迫切需要类似的书籍。

　　凯特从路易斯安那州立大学获得硕士学位，曾在东巴吞鲁日教区学校任教，并在路易斯安那州的教育部门担任过早期教育管理官员，还担任过教学策略有限公司（*Teaching Strategies, LLC.*）的副总裁。她目前担任该儿童博物馆教育主席以及副总裁职务。她育有两个子女及四个孙辈。

致　谢

本书的起源是敲敲门儿童博物馆（Knock Knock Children's Museum）和路易斯安那州立大学的一次合作。2014 年，双方在一起进行头脑风暴，希望能在距大学 1.6 千米的博物馆中规划建立一个创客教育空间。在规划阶段，双方都认为博物馆方应该开发一套工程设计挑战教材，并在这套教材正式使用前试用和测试。参与这套教材评审并为我们提供宝贵反馈的专家组成员包括：来自路易斯安那州立大学 STEM 教育中心的弗兰克（Frank Neubrander）博士、布兰达（Brenda Nixon）博士以及尼尔（Nell MacAnelly），来自路易斯安那州立大学人文与教育学院的芮妮（Renee Casbergue）博士、辛西娅（Cynthia DiCarlo）博士和詹妮弗（Jennifer Baumgartner）博士，以及巴吞鲁日 STEMup 的创始人和负责人吉米（Kim Fossey）。特别鸣谢詹妮弗博士，她将完善后的教材整合到她的课程中；同时要感谢路易斯安那州立大学所属幼儿园及小学一至三年级的学生，他们参与了教材的试用并提出了宝贵的反馈建议。

敲敲门创客委员会（The Knock Knock Maker Committee）是一个由教育者和儿童父母组成的志愿者组织，旨在组建该博物馆的创客教育空间。该委员会成员包括：佩奇（Paige Zittrauer）、凯西（Cathy Rosenfeld）、斯托瓦尔（Ni'Shawn Stovall）和凯利（Kelly Wood）。这些成员在本书的创作过程中提供了他们的想法、建议、反馈与灵感。

非常感谢我的前同事托尼（Toni Bickart），她为本书提供了评审与反思建议。同样感谢马萨诸塞州阿灵顿的莱斯利（Lesley Ellis）学校的学前教师安（Ann Scalley），她为本书中的许多挑战案例提供了实践智慧和创意想法。

非常感谢"玩共享"（Play Make Share）项目管理者瑞安（Ryan）和杰姬（Jackie Moreno）。该项目依托坐落在佛罗里达迈阿密的 REM 学习中心的创客空间。我曾拜访过这所创客空间，并从中了解了儿童早期在操作学习活动中使用真实工具和技术的重要性。他们的项目帮助我更好地发现工程设计与实际动手制作之间的关联，并将该想法更加具体化。

非常感谢以下的教师和学生，他们本人及其作品和照片被收录于本书中。

- 路易斯安那州立大学早期教育实验幼儿园凯瑞（Kerry Sheldon）和莎拉（Sarah West）的班级
- 路易斯安那州立大学实验学校佩奇（Paige Zittrauer）的幼儿园班级
- 威廉（William Bronaugh）、朱莉娅（Julia Collick）、悉尼（Sydney Collick）、奥古斯特（August Huf）、胡芙（Juliana Huf）、阿米莉亚（Amelia Matten）、菲奥娜（Fiona Matten）、艾萨克（Isaac Matten）、艾丹（Aidan Stowell）以及我的孙辈蕾西（Lucy Bea Wood）、约翰（John Isaac Wood）和萨曼莎（Samantha Heroman）

感谢凯茜（Kathy Charner）、苏珊（Susan Friedman）以及全美幼教协会（NAEYC）的全体成员，感谢他们对早期 STEM 教育的支持以及对教育者的帮助。

图书在版编目（CIP）数据

从"倒腾"开始的幼儿STEM教育/（美）凯特·海洛曼
著；田方，李欢欢译．—上海：华东师范大学出版社，2019

ISBN 978-7-5675-9752-5

Ⅰ．①从… Ⅱ．①凯… ②田… ③李… Ⅲ．①科学知
识－教学研究－学前教育 Ⅳ．① G613.3

中国版本图书馆 CIP 数据核字 (2019) 第 262712 号

从"倒腾"开始的幼儿 STEM 教育

著　　者	（美）凯特·海洛曼
译　　者	田　方　李欢欢
校　　译	黄　瑾
策划编辑	王　焰
责任编辑	蒋　将　胡瑞颖
特约审读	严　婧
责任校对	时东明
装帧设计	宋学宏　卢晓红

出版发行	华东师范大学出版社
社　　址	上海市中山北路 3663 号　　邮编　200062
网　　址	www.ecnupress.com.cn
电　　话	021-60821666　行政传真　021-62572105
客服电话	021-62865537　门市（邮购）电话 021-62869887
地　　址	上海市中山北路 3663 号华东师范大学校内先锋路口
网　　店	http://hdsdcbs.tmall.com

印　刷　者	上海盛通时代印刷有限公司
开　　本	787×1092　16 开
印　　张	9
插　　页	2
字　　数	163 千字
版　　次	2020 年 6 月第 1 版
印　　次	2022 年 2 月第 3 次
书　　号	ISBN 978-7-5675-9752-5
定　　价	58.00 元

出 版 人	王　焰

（如发现本版图书有印订质量问题，请寄回本社客服中心调换或电话 021-62865537 联系）